Gerhard Winkel

Spuren der Engel

Gerhard Winkel

Spuren der Engel

Begegnungen in Natur, Mensch und Kunst

Urachhaus

Der Einband zeigt drei Engel aus den Gewölbefresken des Thomas von Villach in der Kirche St.Andrae in Thörl-Maglern.
Die Fotografien dafür wie auch für sämtliche Abbildungen dieses Buches stammen vom Autor.

CIP-Titelaufnahme der Deutschen Bibliothek

Winkel, Gerhard:

Spuren der Engel : Begegnungen in Natur, Mensch und Kunst /
Gerhard Winkel. – Stuttgart : Urachhaus 1993
ISBN 3-87838-968-X

ISBN 3 87838 968 X

Umschlagentwurf: Bruno Schachtner, Dachau
Satz und Druck: Offizin Chr. Scheufele, Stuttgart

Inhalt

Vorwort

Die Texte dieses Buches erzählen von Einfällen, Gedanken, Begegnungen, Erlebnissen und Erfahrungen. Alle haben mit Engeln und ihren Spuren zu tun, nicht mit den mittelbaren Spuren, wie sie aus geschichtlichen Zeugnissen von der Literatur bis zur Theologie bekannt sind, sondern mit den unmittelbaren, denen man täglich begegnen kann, wenn man sich erst entschlossen hat, sie als solche wahrzunehmen. Erlauben die historischen Zeugnisse immer auch kritische und skeptische Distanz – die tatsächlichen Begegnungen dagegen treffen ungeschützt und in den Grundfesten. Daher möge man diesem Buch seinen persönlichen, wenngleich nicht subjektiven Duktus nachsehen.

Wie die hier geschilderten Engelbegegnungen im Natur- und Menschenumkreis persönliche Begegnungen sind, so auch die im Umkreis von Kunstwerken. In Anbetracht vieler künstlerischer Gestaltungen aus vielen Jahrhunderten hätten sie sich abspielen können. Mir wiederfuhren sie insbesondere gegenüber den Fresken des Hierarchienzyklus in der Kirche St. Andrae in Thörl-Maglern. Daher mag es hilfreich sein, hier wenigstens die wichtigsten Daten über diesen Ort, diese Kirche, ihren Freskenschmuck und ihren Maler vorwegzunehmen.

Thörl-Maglern liegt in Kärnten, nicht weit von Villach, im sogenannten »Dreiländereck«. Das Wort Thörl besagt »kleines Tor«. Und so ist es auch. Der Ort liegt günstig am Wasser – der Gailitz –, und eine fast ebene Straße eröffnet von hier den Weg ins Kanaltal, das sanft bis zur Adria abfällt. Thörl ist ein Tor nach Friaul und Venedig; und so ist es kein Wunder, daß der Boden um diesen Ort Siedlungsspuren seit der Bronzezeit birgt. Eine Kapelle des hl. Andreas ist an dieser Stelle seit 1169 belegt. Die wichtige strategische Lage dieses Ortes aber bereitete ihr schwere Schicksale, zahlreiche Plünderungen und Brandschatzungen durch die Türken. Nach einem solchen Überfall wurden im Zuge der Wiederherstellung um 1485 von Thomas von Villach auch die Fresken geschaffen. In ihrer mehr als fünfhundertjährigen Geschichte waren sie lange Zeit unter einer Putzschicht verborgen und geschützt, bis sie 1886 entdeckt wurden und zuletzt zwischen 1969 und 1972 ihr ursprünglicher Zustand wieder hergestellt werden konnte.

Den Maler Thomas kann man mit Johann Sebastian Bach vergleichen, der mit seiner Kunst ebenfalls die Essenz der beiden vorangegangenen Jahrhunderte zusammenfaßte, indem er das Formmaterial der Vergangenheit benutzte und mit seinem gewaltigen Werk gleichsam versiegelte. Ein solcher Künstler war auch Thomas von Villach. Auch er verschließt oder versiegelt eine Epoche und gehört dem Stil und der Aussage nach noch der Gotik an.

Wenn man die Kirche besucht, geht man zunächst über einen Friedhof mit Gefallenen aus dem Ersten Weltkrieg, dann über den Ortsfriedhof mit schön gepflegten Gräbern und tritt in eine mächtige, offene Vorhalle ein. Dann öffnet man die kleine gotische Pforte. Man glaubt zunächst, in eine der üblichen Gailtaler gotischen Kirchen mit Netzrippengewölbe einzutreten. Keine Besonderheit, bis auf die Zweiteilung in Schiff und Chor; auch die erwarteten Barockaltäre drängen sich dem Blick auf. Im Chor jedoch eröffnet sich eine wahre Bilderflut.

Auf der Nordwand tritt dem Betrachter im linken Teil zunächst das Karfreitagsgeschehen entgegen. Darüber eines der wenigen bekannten Handelnden Kreuze, was besagt, daß seine Kreuzarme je in eine rechte Hand Christi auslaufen, deren eine den alten Glauben (die Synagoge) vernichtet, deren andere den neuen Glauben (die Ekklesia) krönt, deren dritte das Reich des Bösen (Pforte der Hölle) zerstört und deren vierte schließlich den Himmel der geistigen Wesenheiten (der neun Hierarchien) eröffnet. Der rechte Teil ist wie der linke von zahlreichen Nebenszenen umgeben, hier gruppieren sie sich um das Abendmahl und alttestamentliche Opfertaten.

Im östlichen Gewölbeteil musizieren acht Engel mit großer Ausdruckskraft, flankiert vom Wahren Antlitz Christi, dem »vera icon«, dem Schweißtuch der Veronika; im Zentrum Maria mit dem Christuskind. Im westlichen Gewölbeteil läßt der Maler die Evangelistensymbole zu den vier großen Kirchenvätern und den vier Elementen des Aristoteles sprechen. Die Verkündigung wird damit auch zum kosmischen Geschehen, indem das Evangelium den Menschen und durch die Elemente der gesamten Schöpfung verkündet wird. Wirklich: Alles wird neu. Die Westwand schließlich stellt das Jüngste Gericht dar.

Die Texte dieses Buches werden die Ikonographie dieser Fresken nicht erörtern, überhaupt wird es nicht um kunsthistorische Fragen gehen, sondern um Engelbegegnungen anhand dieses wie so vieler anderer möglicher Kunstwerke, wie sich natürlich auch die Begegnungen in der Natur dieser Umgebung und anhand ihrer Menschen durch andere ersetzen ließen. Hier aber sind es diese. Und mühelos ordnen sich alle diese Aufzeichnungen einem einzigen Jahreslauf ein. So sind die Texte dieses Buches auch gemeint: als ein Jahreslauf der Seele.

Hannover, im Februar 1993 *Gerhard Winkel*

Was ist ein Engel?

Es ist Frühling und noch kalt in der Kirche von Thörl-Maglern. Wie gut, daß ich an einen warmen Pullover gedacht habe! Nun sitze ich erwartungsvoll auf einer langen Kirchenbank, die den Fresken gegenüber aufgestellt ist. Ja, ich sitze ihnen buchstäblich äußerlich gegenüber. Sie schweigen. Mit den Augen wandere ich durch die Heerscharen der musizierenden Engel in den neun Hierarchienbögen auf und ab. Dann werde ich für einen Augenblick von der großen Gestalt des Erzengels Michael gefangengenommen und mache Station auf dem bewegten Kreuzigungsbild und erkenne am Fuße des Kreuzes die mit den Dämonen kämpfenden Engel. Kurz danach bleibt mein Blick auf den ganz ausgeblaßten Engeln am Tabernakel haften, die Kelch und Hostie zur Darstellung des Abendmahles emportragen, über dem der Verkündigungsengel im Dunkel des Gewölbes fast nicht mehr zu erkennen ist. Schließlich verweile ich im großen Engelkonzert im Gewölbe über dem Altar.

Engel sind hier allgegenwärtig. Von einem wechselt der Blick auf den anderen. Sie offenbaren ein Geheimnis. Wie erkennt man es? Welche Auskunft geben die Bilder dem Betrachter vom Wesen der Engel?

Als erstes fallen die gewaltigen Flügel ins Auge. Hinter ihnen scheint sich die nachtblaue Unendlichkeit zu öffnen. Horchend und doch zugleich dem Betrachter zugewandt schlägt einer der acht Engel die kleine Orgel, das Portativ (s. S. 17). Unmittelbar werden zwei Eigenschaften deutlich: Der Engel ist ein Flügelwesen, und er handelt.

Was drücken Flügel aus? Wir kennen sie von Vögeln, Schmetterlingen, Käfern, Fledermäusen, Libellen, Bienen und anderen Insekten. Bis auf die Vögel flattern und surren die fliegenden Tiere. Nur Vögel haben Schwingen. Nur die Lerche »schwingt sich in die Luft« ... Tatsächlich empfinden wir den Flug von Fledermaus oder Biene anders. Nur Adler, Schwan, Storch oder Kranich breiten wirklich Schwingen aus, wenn sie sich majestätisch in die Luft erheben. Und indem wir die Namen dieser Vögel mit den großen Schwingen aussprechen, wird deutlich, daß wir bei ihrem Fluge etwas ganz Besonderes empfinden. Ein fliegender Schwan kommt uns ein wenig wie ein verkleideter Mensch in einer Schwanenhaut vor, und nicht umsonst hat der Storch den mythischen Auftrag übernommen, die Kinderseelen aus dem Teich zu holen. Ja, wenn diese gewaltigen Vögel ihre Schwingen ausbreiten, verlassen sie in unserer Vorstellung sogar die Bindung an das Element, das uns allein vertraut ist – die Erde –, und schweben, kreisen und bewegen sich in einem so ganz anderen Element: der Luft. Wir schauen ihnen nach, und unsere Sehnsucht folgt ihnen. Die Erde ist buchstäblich irdisch, fest, materiell. Die Luft dagegen wäre gar nicht sichtbar, wenn da nicht die Wolken wären; sie wäre nicht fühlbar, wenn da nicht der Wind wäre. Aber die Geflügelten über uns trägt sie sogar. Wir Menschen haben an der Luft vor allem dadurch teil, daß wir sie ein- und ausatmen, und das alle gleichermaßen, so daß sie uns zu einem Element des Sozialen wird. Die Griechen nannten die Luft Pneuma. Damit bezeichneten sie zugleich auch viel umfassender den wehenden Wind, den Hauch, den Geist. Wir haben in unserer Sprache eine für das Verständnis der Engelflügel hilfreiche Aussage: Ein Mensch haucht seinen Geist aus. Geist und Luft erweisen sich damit in der Vorstellung als verwandt. Stillstand der Atmung ist der Tod, das Zurücklassen der materiellen Hülle, das Weggehen des Geistwesens der gestorbenen Person. Die Engel bewegen sich mit ihren Schwingen in der Luft, im Pneuma, im Geiste. Die Schwingen sind in diesem Verständnis keine mythologische Zutat, sondern Ausdruck ihres Wesens, Beschreibung ihrer Seinsform. Die Flügel sind also nicht Hinweis auf eine anatomische Besonderheit der Engel, sondern geradezu der Ausdruck dafür, daß man sie gänzlich dem Nicht-Materiellen zuordnen muß. Das meint z.B. auch ein Ausdruck wie: »Der Engel kommt im Brausen des Windes.« Der Engel gehört in *die* Weltsphäre, in die im Tode der »ausgehauchte Geist« des Menschen eingeht und aus der der Geist zur Geburt kommt. Diese Region ist zunächst unserem irdischen Sehen und Fühlen unzugänglich. Wohl aber können wir überall in der Welt die Wirkungen, die Spuren, die Handlungen der Engelwesen aus dieser Region wahrnehmen und ihre Botschaften »hören«.

Das Wort Engel oder Angelos heißt buchstäblich Bote. Die Schwingen deuten dabei auf die Regionen hin, aus denen die Engel ihre Botschaften bringen. Wenn man den orgelspielenden Engel nur lange genug betrachtet, ist zu fühlen, daß hinter ihm kein leerer Raum ist. Hinter ihm breiten viele andere Botenwesen ihre Schwingen aus. Das, was unsere Philosophie das Nichts nennt, darf man sich getrost voller Engelwesenheiten vorstellen.

Vom tiefen Blau hinter den brausenden Engelfittichen gleitet der Blick nun wieder auf die Hände. Sie sind bei diesem Engel genauso wie bei anderen tätig: sie handeln. Handeln hat mit der Hand zu tun. Sie unterscheidet sich von den tierischen Gliedmaßen und damit den Menschen vom Tier. Sie kann streicheln, drohen, untersuchen, zufassen, segnen, Musik machen. Sie ist gewissermaßen das Instrument unserer Gefühle, unseres Willens und Denkens. Der Engel auf dem Bild macht mit seinen Händen Musik auf dem Portativ, einer kleinen Orgel. Was für ein merkwürdiger Gedanke, wenn dieser Engel etwas Profanes tun würde, essen oder schaufeln! Andere Engel beten, schwingen einen Weihrauchkessel, lesen in einem Buch oder weisen auch nur auf eine Geißel, Rose oder Lilie hin. Dieser Engel jedoch musiziert. Vielleicht läßt sich auch hier wieder über die irdische Beobachtung etwas vom Wesen der Engel erkennen.

Menschen musizieren. Jeder ordnet sich in das Höhere, das Werk ein. Dieses Höhere entsteht erst dann, wenn die Spieler dem Werk dienen. Dienen ist mit Willen, Fühlen und Können verbunden, das Richtige im rechten Augenblick richtig zu spielen. Schon bevor es erklingt, hören es die Musikanten. Was entsteht, die Musik, ist dennoch flüchtig, ist nur während des Entstehens da. Aber der Verlauf des Musikstücks bildet dennoch eine höhere Wirklichkeit ab, die der Komponist in sich gehört und beim Niederschreiben abgebildet hat. Die Spieler ahnen oder erkennen sie, empfinden lesend, hörend und schaffend den Zusammenhang in sich und machen ihn hörbar. Komponist, Spieler und Hörer vereinigen sich in einem Geiste.

Das Musizieren ist daher ein passendes Bild für das Tätigsein der Engel. Für uns ist Musik an ihre sinnliche Wahrnehmung gebunden und findet in Raum und Zeit statt. Die geistige Qualität aber, die sogar im menschlichen Musizieren zum Ausdruck kommt, paßt so treffend zum Handeln der Engel, daß die Kirche in Thörl-Maglern Tag und Nacht von dieser übersinnlichen Engelsmusik durchwoben ist.

Wir dürfen gewiß sein, daß die Engel fortwährend etwas schaffen, und daß wir sie am leichtesten an ihrem Schaffen erkennen können. Außer den Händen sind da aber auch noch die ungewöhnlichen Augen der Engel. Sie sehen auf etwas hin. Der Blick ist zugleich wahrnehmend und schöpferisch, der Mund drückt äußerste Konzentration aus, wofür dieser orgelspielende Engel ein gutes Beispiel ist. Die Konzentration wird durch den leicht vorgebeugten Nacken betont. Auch dies ist ein Stück Wesensbeschreibung. Der Engel empfindet sich im Chor mit den anderen Engeln offenbar nur als eine Stimme. Alles, was er schafft und musiziert – sein gesamtes Handeln –, fügt er einer großen Ordnung ein, gleichsam einer »Musik der ganzen Schöpfung«. Wir müssen dieses Zuhören wohl erst lernen, wenn wir das Engelwirken erkennen und verstehen wollen.

Andere Engel haben andere Attribute. Manchmal duften sie, wie Rosen oder Lilien; manchmal tragen sie Schriftrollen, Bücher, Kelche, Räuchergefäße, Kronen, Zepter, oder sie weisen auf etwas Imaginäres. Alle diese Zeichen gehören, wie die Musikinstrumente, zu ihren Wesensoffenbarungen und sind Ausdruck bestimmter Boteneigenschaften, Ausdruck ihrer geistigen Kraft. Das gilt gerade dann, wenn sie eine Rüstung oder gar Waffen tragen. Wir müssen alle diese Bilder »transzendieren«, indem wir in ihnen Wesenszüge der Engel suchen.

Hohe Engelwesen tragen oft auch auf den Flügeln Augen, die den Augen auf Pfauenflügeln ähneln. Diese Merkmale sind Ausdruck dafür, daß ihr ganzes Wesen zu einer noch gesteigerten Wahrnehmung der geistigen Welt befähigt ist. Die schon gewaltige Botschaft, die uns dieser Orgel spielende Engel gibt, ist bei ihnen noch weiter gesteigert. Sie stehen noch höher, ihr Wesen ist noch umfassender, sie stehen der Gottheit näher als der dargestellte Engel. Doch schon dieser musizierende Engel hat ja keinen physischen Leib. Er ist von unserem Alltagsbewußtsein weit entfernt durch die Überschau, die er hat. Dies kann man durchaus beim Betrachten des Bildes empfinden. Der Engel hat eben nicht wie wir die Partitur im Kopf; sein Wesen ist selbst die Essenz der Partitur.

Wenn man tief unten auf der Kirchenbank sitzt, fühlt man sich am Ende buchstäblich durchschaut. Plötzlich sitzt man dem Engel nicht mehr wie am Anfang gegenüber; man fühlt, daß ein Engel offenbar mehr überschaut als wir mit unserem Alltagsbewußtsein.

Gibt es vielleicht auch hierfür ein irdisches Beispiel? Vielleicht ist das folgende hilfreich. Ein Lehrer, der mit seiner Klasse sehr verbunden ist, macht einen Ausflug. Die Kinder brauchen und haben Freiheit. Der Lehrer muß sie ihnen für ihren Menschwerdeprozeß gönnen. Unser Lehrer hat nur eine sehr kleine Gruppe bei sich. Plötzlich kommt ihm Günter in den Sinn. Ja, wo ist Günter? Er folgt seinem »Einfall«. Tatsächlich, Günter ist zurückgeblieben und zunächst unauffindbar. Schließlich wird er entdeckt: Er ist auf einen Baum gestiegen und traut sich nicht mehr herunter. Sicher hat fast jeder ähnliches erlebt. Das Vorkommnis hat einen Anflug von der Wahrnehmungsart, die zum Wesen eines Engels gehört.

Vor einer Stunde noch saß ich dem Engel gegenüber. Jetzt habe ich ihn in mich hineingenommen, sogar aus dem gemalten Bilde, dessen Schöpfer offenbar noch Einsicht in das Wesen der Engel hatte. Das ist ein erster Schritt für das Erkennen des Engels und der Engel.

Eine denkwürdige Parkhausgeschichte

Ich persönlich hätte lieber über mein Erlebnis geschwiegen und hatte auch die Zeitungen nicht informiert. Aber irgend jemand aus meinem Bekanntenkreis hatte einen Reporter unterrichtet. Ich gab ihm natürlich bereitwillig Auskunft. Nachdem die erste Zeitung unter der Überschrift »Frühmittelalterliches Tunnelsystem entdeckt« meine Erlebnisse gebracht hatte, wollten die anderen mit ihren Berichten nicht zurückstehen. Aber alle waren sehr zurückhaltend, äußerten wohl auch Zweifel an meinem Bericht. Einige gingen so weit, ihn als Ausgeburt einer ausschweifenden Phantasie zu bezeichnen, sprachen von modernen Neigungen zu Okkultismus und Mystizismus und betonten die Merkwürdigkeiten und Ungereimtheiten meiner Darstellung. Für Leserbriefe wurde eine ganze Seite eingerückt, und nur weil ich als Person in der Stadt ziemlich unbekannt war und darauf bestanden hatte, kein Foto von mir zu bringen, konnte ich unbemerkt und unbehelligt durch die Straßen gehen.

Zwei Reporter, eigens als Höhlenforscher ausgerüstet, gingen meinen Angaben nach. Sie kamen ohne präzise Erkenntnisse wieder ans Tageslicht. Sie hätten zwar die von mir beschriebene Tür gefunden, auch einen anschließenden Raum, seien danach aber nicht weitergekommen. Dabei hatte ich selbst es wirklich nicht auf etwas Besonderes oder auf ein Abenteuer abgesehen. Ich wollte lediglich im Zentrum der Stadt einkaufen und parkte meinen Wagen im Parkhaus, im sechsten Stock, weil unten alles besetzt war. Der abwärts gerichtete Fahrstuhl, in dem ich mich allein befand, fuhr aus irgendeinem Grunde weiter, über das Erdgeschoß hinaus. Zuerst ärgerte ich mich über die Unzuverlässigkeit der Technik. Es ist mir auch heute noch völlig gegenwärtig, daß ich mich in diesem Augenblick entschloß, den unzuverlässigen Fahrstuhl zu verlassen und zu Fuß nach oben zu gehen.

Ich verlasse den Fahrstuhl und befinde mich in einem schwach erleuchteten Raum. Betonpfeiler stehen dort vor dicht gehäuften Steinpaketen. So also sieht es unter unserer Stadt aus, denke ich und halte nach einer Treppe Ausschau. Keine Treppe, aber eine Türe entdecke ich. Grau ist sie, etwas rostig, wohl aus Eisen. In merkwürdig unbeholfenen Buchstaben steht »Exitus« darauf. Das muß eine alte Aufschrift sein und früher so viel wie »Ausgang« bedeutet haben. Dort wird es sicher zur Treppe nach oben gehen. Ich öffne die Türe und trete nach draußen. Hinter mir fällt die Türe ins Schloß. Ich habe Zweifel, was ich tun soll, aber die Tatsachen entheben mich jeder Entscheidung. Offenbar hat die Türe innen keinen Türdrücker. Ich weiß es noch wie heute: Ich hatte in diesem Augenblick weder Zorn noch Angst, nicht einmal Neugier. Es war mir einfach klar, daß nur der Weg nach vorn übrigblieb.

Ich sehe zunächst fast gar nichts und muß tasten, stoße mit der Hand an etwas, das sich wie ein Papierballen anfühlt. Dann stolpere ich über einen Topf, der laut scheppernd zerspringt. Wohin ich auch taste – überall taste ich ins Leere, in Durchgänge. Du mußt dich entscheiden, schießt es mir durch den Kopf. Nein, das kann ich gar nicht bei diesen vielen Möglichkeiten der Wahl. So lasse ich mich vom Zufall führen. War es in der ersten großen Halle noch schwach dämmerig, so ist es nun stockfinster. Das Parkhaus erscheint mir in der Erinnerung wie eine Heimat, aber unerreichbar. So stolpere ich weiter. Jetzt befinde ich mich offenbar in einer Felsenschlucht. Meine Hände tasten über unregelmäßiges Gestein. Sandstein, denke ich. Von oben hängen lange Fasern herab, wahrscheinlich Baumwurzeln lebender oder toter Bäume. Jetzt stoße ich mit den Füßen an etwas und bücke mich. Ein Gebilde wie eine mächtige Schlange windet sich über den Weg: wahrscheinlich eine uralte Wurzel. Unaufhörlich reibt jetzt etwas aneinander. Das müssen die Gesteinspakete sein. Es tropft mit hohlen Geräuschen. Ein Echo begleitet jeden Tropfen. Ich bleibe stehen, horche. Trotz dieser Geräusche kommt es mir still vor, so still, daß das Geräusch meines Atems und die Pauke meines Herzschlages alles andere übertönt. Ich habe Angst. Ich habe keine Angst. Ich habe Angst und keine Angst. Meine Füße und Hände fühlen ja noch, die Ohren hören noch, die Nase riecht noch, und der Weg führt weiter. Nur die Augen sind hier nutz-

Engel mit dem Portativ

Winter im Gailtal

los. Durch dieses Schluchtgefühl des Alleinseins, durch das Ausgesetztsein zieht sich so etwas wie Ewigkeit. Niemand würde hier unten je nach mir suchen und mich finden. Die Jahrhunderte würden über mich wegrollen, ich selbst würde zum Staub dieser Schlucht. Aber das war mir in diesem Augenblick nicht einmal ein unangenehmer Gedanke.

Immer wieder gabelt sich der Weg. Tastend fühle ich es. Immer wieder muß ich mich für rechts oder links entscheiden. Es gibt aber überhaupt keine Logik der Entscheidungen. Mit jeder Weggabelung verliere ich noch ein Stück mehr meines Zeitgefühls. Bin ich erst Stunden oder schon Tage im Schoß der Erde? Jetzt verändert sich der Untergrund unter meinen Füßen. Der Weg scheint sandiger zu werden und sich nach oben zu wenden. Es riecht jetzt nach Harz und Baummoder. Sollte ich tatsächlich den rechten Weg gefunden haben? Insgesamt wird es etwas heller, wenn auch noch nichts zu unterscheiden ist.

Da scheint in der Ferne Licht einzufallen. Es ist so. Ein großer, fast menschenähnlicher Felsblock versperrt den Durchgang. Ich muß allen Mut zusammennehmen, um daran vorbeizukommen, denn ich bin mir nicht sicher, ob der Felsen nur ein Felsen ist. Als ich ihn hinter mir habe, werde ich vom Licht fast geblendet. Ich befinde mich in einem wirklich merkwürdigen Raum. Er ist achteckig. Die Wände bestehen aus behauenem Sandstein. Die Decke ist wie ein Himmel gebildet und reich mit Gold verziert. Dieses Gold reflektiert ein Licht, das von irgendwoher kommt, aber die Lichtquelle ist nicht auszumachen. Mitten durch den Raum fließt ein Fluß, ruhig und stetig. Mein Weg endet oberhalb des Flusses. Grob behauene Stufen führen zunächst bis an das Wasser. Aber keine Brücke, kein Übergang führt hinüber. Ich muß hindurch. Ich werde auch durchkommen. Als ich unten am Wasser stehe, sehe ich, daß die Stufen weiter nach unten führen. Mir kommt der Gedanke, daß ich mich auf den Tod erkälten könnte, wenn ich drüben keinen Ausgang fände. Ich entkleide mich also und werfe das Bündel Kleider ans andere Ufer.

Dann steige ich über die Treppe ins Wasser. Kälte erfaßt mich. Ich tauche unter; Blasen quirlen vor meinen Augen. Urplötzlich schiebt sich als Bild in mein Bewußtsein, wie ich als Vierjähriger beim Baden in einem Fluß versank und eine Welt aus weißen Blasen und gelbem Licht vor mir stand, bis mich die Hand meines Bruders an den Haaren faßte, nach oben zog und an Land brachte. »Das ging noch einmal gut«, höre ich meinen Vater noch heute sagen. Jetzt fühle ich plötzlich wieder Grund unter meinen Füßen, steige eine sehr schön behauene Treppe nach oben und kleide mich wieder an. Niemand ist sichtbar. Dennoch habe ich während des Ankleidens fortwährend das Gefühl, daß unendlich viele Menschen in diesem Raum gleichzeitig anwesend sind.

Oben ist in einer Wand tatsächlich eine Türe. Zwei große griechische Buchstaben sind darauf geschrieben. Ich denke nach. Natürlich – Alpha und Omega bedeuten die Zeichen. Ich öffne die Türe und stehe völlig unerwartet in der Krypta unseres Stadtdomes, gleich hinter der Grabplatte des Erbauers aus dem Jahre 1235. Als ich mich umsehe, finde ich auch diese Türe nicht wieder. Kein Türdrücker, kein Türspalt deutet auf das Dahinter-Liegende, so daß ich in diesem Augenblick selbst an dem zu zweifeln beginne, was ich soeben erlebt habe.

Nach ein oder zwei Minuten schon hat mich die Oberwelt wieder. Mein Zeug ist etwas staubig, mehr könnte ich nicht vorzeigen. Ich sehe auf die Uhr. Der Parkschein weist nur 27 Minuten Aufenthalt aus.

Mir kam es wie drei Tage vor. Es war alles völlig real, denn ich fühlte auch jetzt noch den Staub beim Tasten und die rauhen Felsen und roch auch jetzt noch den Modergeruch und sah lange Tage danach noch immer den befreienden Lichtschein vor mir.

Die beiden Reporter, die versucht hatten, meinen Weg zu rekonstruieren, wurden nicht fündig und mußten ihre Expedition abbrechen.

Seitdem war die Meinung in unserer Stadt gespalten. Wenige meinten, daß sich unter dem Dom tatsächlich ein altes frühchristliches Heiligtum befände, das nur durch ein verborgenes Tunnelsystem erreichbar sei. Die meisten meinten, meine blühende Phantasie hätte die Geschichte erfunden, sie sei in Wirklichkeit eine Angstvision. Wie die Meinung der anderen auch sei: sie war mir uninteressant. Für mich wurde dieser Tag zum Wendepunkt meines Lebens, und es störte mich nicht einmal, daß das Büro für Fremdenverkehr meine Geschichte vermarktete.

Der Mensch und sein Engel

Aus dem Kreis der acht über dem Altar musizierenden Engel ist auf diesem Bild (s. S. 27) einer dargestellt, der das Hackbrett schlägt, ein altes Saiteninstrument und Vorform des Virginals, Cembalos und Spinetts. Seine mächtigen Schwingen, die tätigen Hände, der zuhörend-schöpferische Blick bestätigen das bisher Empfundene und Gedachte. Obgleich dieser Engel außer dem Hackbrett keine Gegenstände trägt, die auf die Entstehungszeit des Bildes hinweisen, unterscheidet er sich dennoch grundsätzlich sowohl von den archaisch strengen Engelbildern der Romanik wie auch von den geflügelten Kinderchen des Barock. Mit den Baustilen ändern sich die Malstile und die Engeldarstellungen. Versteht man diese Veränderung nicht nur äußerlich, so ändern sich mit den Zeitläufen auch die Erfahrungen mit den Engeln. Ja, sie können sogar ganz versiegen. Diesen Eindruck hat man jedenfalls ganz spontan vor Engelbildern des Barock oder Rokoko. Heute gibt es schon wieder viele ermutigende Bilddokumente von Engeln.

Während dieses Bild auf meinem Schreibtisch stand, fiel mir beim Lesen von Schriften des Scotus Eriugena ein Satz ins Auge und hakte sich in meinem Nachdenken fest: »Der Engel entsteht im Menschen durch den Geist des Engels, der im Menschen ist, und der Mensch entsteht im Engel durch den im Engel gegründeten Geist des Menschen. Wer das reine Denken vollzieht, *wird* in dem, was er denkt.« (nach W.-U. Klünker, S.151) Dieser Scotus ist bis heute eine der wichtigsten Gestalten der europäischen Geistesgeschichte. Er übersetzte um 850 als erster die Schriften des Dionysius Areopagita. Dionysius hatte um 500 eine Engellehre niedergelegt, die wahrscheinlich schon seit dem Urchristentum über Jahrhunderte mündlich überliefert und von ihm als letztem Eingeweihten aufgeschrieben wurde. Er ist der erste, der von neun Engelhierarchien spricht und ihr Wirken bis ins einzelne beschreibt. Die

Übersetzung des Scotus sorgte vor allem dafür, daß das Wissen um die Engel Allgemeingut wurde und in die Geschichte einging. Dies geschah, obgleich die eigenen Schriften des Scotus vom Papst verboten wurden.

Der Satz des Scotus sagt als erstes, daß wir Gemeinsamkeiten mit unserem Engel haben. Damit ist immer der Angelos, der Schutzengel, gemeint. Bestimmte Wesensglieder, bestimmte Elemente unseres Menschseins verbinden uns mit dem Engel, können wir mit ihm gemeinsam haben. Die Scholastiker waren sehr scharfe Denker. Aber die Tatsache, daß der Mensch sich mit einem irdischen, physischen Leib abplagen muß, der Engel jedoch nicht, war ihnen so selbstverständlich, daß sie diesen Sachverhalt nicht thematisierten, der uns dagegen sehr beschäftigt. Ihnen ging es darum, die Würde zu beschreiben, die dem Menschen im Rahmen aller Geschöpfe zukommt und die darin besteht: Der Mensch kann Anteil am Wesen der Engel haben. Dann steht da aber noch die zunächst rätselvolle Aussage: »Der Mensch *wird* in dem, was er denkt.« Wir würden heute vielleicht sagen, er wird *zu* dem, was er denkt. Denkt er Gutes, Schönes, Göttliches – eben das, was Engel denken –, entwickelt er ein Stück »Engel-Sein«. Denkt er Häßliches und Böses, verbaut er sich selbst den Weg zu seiner Engelwürde, zum Erkennen des Engels. Dies ist wirklich ein großartiges Bild vom Menschen. Der Philosoph Plato lugt durch den Vorhang mit der Vorstellung einer eigenen Welt der Ideen, aber er trägt ein christliches Priestergewand. In dieser großartigen Vorstellung vom Menschen, der den Engel in sich erst durch seine Denkanstrengung schaffen muß, vermißte ich doch den Bezug zur irdischen Alltagswirklichkeit, in der Mord und Totschlag, Haß, Feindschaft und alle anderen Laster nicht minder wirksam sind – als Möglichkeit auch in mir. Das Erschaffen des Engels allein aus dem Denken wollte mir für unsere Zeit nicht mehr genügen.

War denn der Engel nicht auch ohne mein Denken da, war sein Wesen nicht ein objektiver Tatbestand? Vielleicht kam es vor allem darauf an, sich im Handeln mit ihm zu verbinden. Wir haben als Menschheit seit der Zeit des Scotus Eriugena ja doch erfahren, was alles an Schlechtigkeit und Bosheit, aber auch an Güte, an Mut auch in jedem Christenmenschen steckt. Dazu fiel mir – war dies blinder Zufall oder schon

Engelwirken? – ein Satz des Thomas von Aquin in die Hände: »Wenn er [der Mensch] aber am Ende seines Weges angelangt ist, dann wird er keinen Schutzengel mehr haben, sondern er wird im [Himmel-]Reiche den mit ihm herrschenden Engel, in der Hölle aber einen strafenden Dämon zur Seite haben.« (aus: Summe der Theologie) Das ist eine neue Sprache, eine neue Erfahrung. Der Engel begleitet jeden Menschen durch sein ganzes Leben. Seine Existenz ist aber nicht nur auf das Denken des einzelnen Menschen angewiesen, durch das er Leben gewinnt. Das auch. Er ist vor allem auf die Taten angewiesen, auf das Handeln. Man kann den Engel durch sein Handeln ernähren, man kann ihn durch seine Taten kränken. Man kann ihn völlig ignorieren. Jeder Mensch hat im Handeln volle Freiheit; aber später muß er auch die volle Konsequenz seines Handelns tragen. Wir leben in einem durch Naturwissenschaft geprägten Zeitalter. Dieser Engel ist unserer Erfahrung doch schon bedeutend näher als der allein aus dem Denken entstehende des Scotus Eriugena.

Wenn wir uns nach diesen Betrachtungen selbst beschreiben müßten, würden wir dies vielleicht mit dem Buchtitel von Joachim Illies tun, wir seien »Nicht Tier, nicht Engel«. Für unser naturwissenschaftliches Zeitalter ist eine solche Polarisierung der Begriffe vielleicht eine Möglichkeit, Erkenntnisse vom Wesen der Engel zu gewinnen.

Was ist ein Tier, wie agiert ein Tier? Will man es in holzschnittartiger Kürze sagen, so ist ein Tier gleichsam angekettet an seine Instinkte, Prägungen oder bedingten Reflexe. Wohl fühlt es Lust und Schmerz, wohl kann es dressiert werden – also in abgesteckten Grenzen lernen –, aber es kann nicht verstehen, es kann nicht aus seiner Gebundenheit aussteigen. Ein Tier lebt nur im Jetzt und Hier. Die Gegenwart bestimmt sein Tun. Selbst Handlungsweisen, die weisheitsvoll auf die Zukunft ausgerichtet scheinen, entspringen dem Diktat seiner hormonellen oder instinktiven Steuerung. Kein Tier handelt im Bewußtsein seiner Fähigkeiten. Eine über dem Tier befindliche »Intelligenz« bewirkt all sein Verhalten. Anflüge und Ahnungen wirklicher Geistestätigkeit erlebt man wie ein Aufblitzen vielleicht bei Delphinen, Papageien, Menschenaffen, aber selbst diese hochstehenden Tiere sind doch insgesamt vom Müssen bestimmt.

Das also ist der Mensch nicht. Was ist ein Engel? Einiges haben schon die Bilder offenbart. Der Engel ist ein Wesen. Dieses Wort ist zu verstehen, aber kaum zu erklären, weil es zugleich auf eine Wirklichkeit und auf etwas Nichtmaterielles hinweist. Das Engelwesen ist völlig frei von Instinkten oder ähnlichen Regungen. Es lebt ohne Anstrengung in der Wahrheit. Es hat auch keinen physischen Leib. Und dennoch hat es einen Leib; dieser ist aber ätherisch, durchsichtig. Es hat auch keine Sinneswahrnehmungen. Es lebt nicht in Raum und Zeit, sondern raumlos und zeitlos, was wir die Ewigkeit nennen. Es lebt in einer Sphäre, die Scotus Eriugena das »reine Denken« nannte, also in der unmittelbaren Wahrnehmung des Geistes. Die Engel, die im Fresko von Thörl-Maglern oberhalb der Schutzengel musizieren, haben noch umfassendere Wesensmerkmale.

Nimmt man die Engel vereinfacht zunächst als unveränderbar, so verbindet sie mit dem Tier eine Eigenschaft: Auch sie müssen das sein, was sie sind: das Tier ein Tier, der Engel ein Engel. Beide haben keine Wahl. Wir Menschen aber sind die ersten Freigelassenen der Schöpfung. Wir kommen ohne ein Stück Tierheit in uns nicht zurecht. Will man unser Wesen beschreiben, muß man sie heranziehen. Aber es ist nur die halbe Wahrheit. Die andere Hälfte unseres Wesens kann nur durch die »Engelheit« in uns beschrieben werden. Beides erst umfaßt die ganze Wahrheit vom Menschen. Diese ganze Wahrheit zu suchen, heißt, sich auf den Weg zu seinem Engel machen.

Was ist ein Engel? Wir erkennen dies nur, wenn wir seinem Wirken nachspüren. Wir sind nicht mehr Tier und noch nicht Engel. Wir können deshalb den Engel nicht direkt erkennen; wir müssen dazu zunächst unsere Sinnesorgane nutzen und unser Denken. Das Wirken der Engel offenbart sich z.B. in der Musik, in Werken der bildenden Kunst, in Dichtungen, in der Schönheit der Natur, aber auch in ihren Gesetzen. Wir können das Engelwirken empfinden; wir können es suchen wollen. Immer aber müssen wir die Empfindungen nahezu täglich in uns beleben, um mit dem Engel in ein Gespräch zu kommen. Das ist eines der vielen Geheimnisse des Engels.

Vier Welten

Eine Gruppe von vier Menschen hatte die Kirche in Thörl-Maglern besucht. Lange haben sie auf der Kirchenbank gesessen. Immer wieder wanderte der Blick von der Leidensdarstellung Christi zu den Bögen der Engelhierarchien, von dort über die Darstellung der Elemente Feuer, Erde, Luft und Wasser zur Engelsmusik über dem Altar. Alle waren still geworden. Jeden der vier hatten die Bilder irgendwie angerührt, besonders die so ungewohnte Darstellung der neun Engelhierarchien. Nach einer Stunde trat die Gruppe schweigend und nachdenklich vor die Kirche. Draußen wärmte eine milde Sonne das Land; wie eine Erinnerung an den vergangenen oder eine Hoffnung auf den neuen Frühling war die Luft von erstem Vogelgesang durchwirkt. Die Villacher Alp war zum Greifen nahe gerückt mit ihrer schneeweißen Kapelle unterhalb des Gipfels. Schweigend gingen die vier über den Kriegsgräberfriedhof und fuhren dann die sechzig Kilometer in ihr Quartier zurück. Auch auf dem Heimweg redeten sie nicht viel miteinander, obgleich sie alle seit langem befreundet waren. Jeder ordnete offenbar seine Gedanken über diese unerhörte Darstellung.

Als die vier sich nach einem Jahr wieder trafen, stellte sich heraus, daß jeder ein Reisetagebuch geführt hatte. Hier folgen die vier Texte, die sich auf diesen Tag in Thörl beziehen. Sie spiegeln in überraschender Deutlichkeit die Tatsache wider, daß die Frage die entsprechende Aufmerksamkeit und Wahrnehmung mitbestimmt, die gefundene »Wahrheit« oder gar »Erkenntnis« von der gestellten Frage abhängig ist. Engel wird nur *der* erkennen, der nach ihnen fragt.

Klaus S., von Beruf Rechtsanwalt, schrieb:

»Die Nordwand von Thörl ist als Komposition beeindruckend und läßt uns einen tiefen Blick in die Weltvorstellung des Mittelalters tun, wo wegen des Nichtverstehens der Naturgesetze aus Traumwelten des Unterbewußten Offenbarungen wurden. Genauso wie die Teufel, das Höllenfeuer und die Strafandrohung durch das Jüngste Gericht das in Jahrhunderten angereicherte Über-Ich verkörpern, das sich dann als Gewissen meldet, genauso sind die Engel doch nur Belohnungsvisionen. Es sind Projektionen von Wünschen, Hoffnungen, ohne die der Mensch in dieser Zeit noch nicht leben konnte. Die gesamte Nordwand wirkt auf mich wie eine gewaltige, aus dem Unterbewußtsein aufsteigende Bildimagination und Personifikation von Symbolfiguren. Ja, so ist es: Es ist die Bild-Verkleidung des Unbewußten. Das Bild stellt die Ordnung dieser Welt dar und wieder her, falls jemand etwa ausbrechen wollte.

Nicht Ursache und Wirkung werden zur Welterklärung herangezogen, sondern Offenbarung und Glaube. Wundertaten, die jedem Naturgesetz widersprechen, Engel, die wie Vögel fliegen können, waren offenbar der Ersatz für die noch fehlenden naturwissenschaftlichen Erklärungen. Mystische Vorstellungen, Symbole verstellten den Weg in eine klarere Welt. Ich bin fast sicher, daß bedeutende Kirchenfürsten gewußt haben, ihre ganze Welt des Glaubens würde wie ein Kartenhaus zusammenbrechen, wenn die Sonne nicht mehr im Mittelpunkt stehen würde. Im Galilei-Prozeß ging es nie um die Wahrheit, nur um die Macht. Wir Aufgeklärten des 20.Jahrhunderts wissen, daß sogar die Bilder des Unbewußten heute einer exakten Forschung zugänglich sind. Unwissenheit verdunkelte über Jahrzehntausende das Denken. Erst seit 400 Jahren entwickelt sich die Naturwissenschaft. In welch kurzer Zeit hat sie die alten Kontinente des Nichtwissens erschlossen!

Alle Fakten, die bisher bekannt geworden sind, deuten darauf hin, daß die Welt nicht viel mehr ist als ein riesiges Billardspiel, wenn auch eines mit Milliarden Kugeln. Nichts, aber auch gar nichts geschieht darin ohne Ursache und Wirkung. Auch die uns heute noch unbekannten Berge in den Kontinenten der Wissenschaften werden eines Tages begangen und erschlossen sein.

Natürlich ist solch ein Bild der Engelhierarchien wie in Thörl beeindruckend in der Geschlossenheit des Weltbildes, die es zum Ausdruck bringt. Wie schwer dagegen ist unser heutiges, offenes, nach allen Sei-

Engel mit dem Hackbrett

Frühling über dem Gailtal

ten unfertige Weltbild zu ertragen. Luther und Kant sind mit ihrer spontanen Hinwendung zum Glauben schon zu verstehen. Von der anderen Welt können wir nichts Sicheres wissen. Das erleichtert vielleicht sogar den Weg in den Glauben. Dennoch hat mich die ästhetische Komposition des Hierarchienbildes, dieses durchgewebte Muster aus farbigen Engeln und ihrer Musik samt der Nähe zum uralten Regenbogensymbol sehr beeindruckt. Immer wieder steigen die Bilder vor mir auf. Ich ertappe mich sogar bei einem Bedauern, daß mir diese Welt des Glaubens, diese fast materielle Vorstellung von Lohn und Strafe nicht mehr zugänglich ist. Aber: mir geflügelte Engel vorzustellen und mir die anatomische Lage ihrer Flügel an den Schulterblättern klarzumachen, kommt meinem Verstand absurd vor – wenn ich es mir naiv-realistisch vorstellen soll und nicht als Traumbild. Als solches ist es der Deutung zugänglich, als Projektion von Wünschen, Hoffnungen, Befürchtungen und Leiden. Es hat mich angerührt das Bild, das so treffend das naturwissenschaftliche und soziale Weltbild am Ende des mittelalterlichen Denkens beschreibt. Aber die Betrachtung ernüchtert auch. Zur Lösung unserer heutigen Fragen kann ein solches Bild nichts beitragen. Zur Lösung der heutigen Fragestellungen kann nur eine noch weiter intensivierte Naturwissenschaft die nötigen Erkenntnisse bereitstellen.«

Günter K., der sechs Jahre in Nicaragua als Entwicklungshelfer gearbeitet hat, schrieb:

»Die Fresken in Thörl, besonders das große Bild an der Nordwand, sind beeindruckend. Zunächst war ich von dem Vielerlei des einander Zugeordneten ganz verwirrt, denn das Bild wollte sich so ganz und gar nicht in meine Weltanschauung fügen. Erst nachdem wir die Kirche verlassen hatten und über den Kriegsgräberfriedhof mit den Gefallenen des Ersten Weltkrieges gingen, wurde mir blitzartig klar, daß auf diesem Bild das gesellschaftliche Rollenverständnis der damaligen Zeit bis in den Himmel hineinprojiziert wird. Unten ist der Tod, das Leiden, das Entsetzen über diese Welt mit Kreuzigung und Mord abgebildet. Das beschreibt die damalige Realität für die Bauern, die Hungernden, die Besitzlosen, Ausgenutzten, ja Ausgebeuteten. Hier, in dieser Welt haben sie ihre Rolle zu spielen und auszuhalten, was ihnen »von oben« aufgepackt wird. Jesus von Nazareth, das sieht man, gehört zu ihnen. Er ist inmitten dieser schändlichen Welt der erste und bedeutendste Sozialarbeiter, der den Herrschenden den Spiegel vorhält und dieser Aufgabe bis in den Tod treu bleibt. Würde man ihn ernst nehmen, würde seine Revolution Wirklichkeit, so würde die Erde ein ganz und gar irdisches Paradies: Er störte die Ordnung und war deshalb – und ist noch heute – gefährlich für das etablierte System.

Es ist schon gut, daß dieser Spuk im vorigen Jahrhundert zusammengebrochen ist und die Engel ihre Flügel und die Heiligen ihre Heiligenscheine abgeben mußten. Dennoch ist es irgendwie ein grandioses Bild, und man kann sich kein besseres Dokument der Herrschaftsverhältnisse kurz vor Anbruch der Neuzeit vorstellen. Die herrschende Klasse verklärt sich selbst, und Spezialisten wie der Maler Thomas von Villach geben sich auch noch her, dies mittels ihrer großartigen malerischen Begabung ins Bild zu setzen. Soziale Probleme wurden durch diese und ähnliche Darstellungen festgeschrieben. Das Sein bestimmt aber das Bewußtsein. Die Rollen der hier dargestellten Welt mußten zerrissen und umgeschrieben werden, die gesamte ›heilige‹ Bühnenausstattung mußte geändert werden. Das erst schafft Freiheit, Fortschritt und bringt die gesellschaftlichen Zustände in Bewegung.

Ich wundere mich eigentlich, zu welchen Aussagen mich dieses Bild anregte. Streckenweise hört es sich wie eine Verteidigungsrede an. Das liegt auch nahe, denn das Bild in Thörl ist wirklich beeindruckend, zieht den Betrachter fast magisch an. Ich werde in diesem Urlaub noch einmal hinfahren, um diese Faszination zu analysieren. Die Analyse soll mir Auskunft geben, wie und mit welchen einfachen Mitteln man über Jahrhunderte die Menschen in Abhängigkeit halten konnte – damit man sein eigenes Wohlleben ungeniert fortsetzen konnte.«

Thomas V., der erst Musiker, dann aber Lehrer geworden war, schrieb:

»Heute waren wir zu viert in Thörl. Wir, das sind vier Schulkameraden, deren Verbindung miteinander nun 22 Jahre besteht. Aber wie haben wir uns bei aller Sympathie füreinander in dieser Zeit auseinanderentwickelt! Dennoch hat sich offenbar für jeden dieser Besuch gelohnt. Ich war besonders von der Nordwand beeindruckt. Dieses Fresko mit den Engelhierarchien ist ein gewaltiges christliches Meditationsbild. Wie in einer Pyramide ist dort alles geordnet, in einer Pyramide aus Ideen und Bildern, einer Pyramide als Abbild der geistigen Welt. Von der Spitze der Pyramide her legt der Geist im Niedersteigen auf die Erde eine stoffliche Hülle um die andere an. Er bekleidet sich. Neun Hüllen sind hier bis zur Mauer der Erdenwirklichkeit, bis zur Grenze der fünf Sinne dargestellt. Aber: Ich habe in mir einen Teil dieses göttlichen Denkens, einen Funken davon, den ich nur selber zum Feuer entfachen kann. Mein Denken kann sich tatsächlich heben, Stufe um Stufe, Hierarchie um Hierarchie. Ich kann in mir Erkenntnisorgane ausbilden, gleichsam geistige Augen und Ohren. Dann erst erfahre, erlebe, sehe, höre, fühle ich in allem Geist – auch in den profanen Dingen der Erde. In allen Formen, die ein Quell durchläuft, finde ich wie in einem Urbild das Prinzip der Verwandlung wieder: Aus der Quelle wird ein Bach, ein Fluß, er fließt ins Meer; das Wasser verdunstet, wird zu ›nichts‹ oder Wolken, regnet wieder zur Erde. Das Prinzip der Verwandlung ist das Bleibende, die Gestalt ist veränderlich.

So hat das Bild von den Engelhierarchien in Thörl-Maglern zwei unterschiedliche Ebenen. Es stellt, Bild geworden, die Gliederung der Geistigkeit dar, die Welt der Ideen, und es zeigt uns, wie wir in diesem gewaltigen Kosmos darinnenstehen. Darüber hinaus ist es ein Meditationsbild und ermöglicht sogar den Einstieg in diese Welt, die hier als ›offenbares Geheimnis‹ dargestellt ist. Das Bild faßt platonische und christliche Erkenntnisse zusammen. Dabei folgt es in der Darstellung im Grunde einer Meßfeier, die den einzelnen ja auch an die Schwelle dieser Erfahrung bringen will. Das Denken allein ermöglicht, die toten Begriffe und die auch gültige Welt der Naturgesetze zu durchbrechen und in die andere, auch reale Weltregion der Ideen und der Vernunft (im Gegensatz zum Verstand, der die sinnliche Welt regiert) einzutreten.

Der Weg nach draußen war schmerzlich. Ich bin noch zu ungeübt auf dem Weg durch die Pforte, noch ungeübter auf dem Rückweg. Die 200 Soldatengräber wollten sich in die vergangene Stunde überhaupt nicht einfügen. War dies nicht die alltägliche Wirklichkeit, das Böse, die Sinnlosigkeit? Ich war verunsichert. Aber für einen Augenblick stand ich vor dem Bild der Engelhierarchien wirklich friedlich zur Welt.

Ich will versuchen, davon wenigstens etwas in meinem künftigen Alltag zu verwirklichen.«

Victor P., der Förster in einem sehr geschädigten Waldgebiet des Harzes war, schrieb:

»Die Stunde auf der Kirchenbank kam mir wie eine kleine Ewigkeit vor. Immer wieder wanderte ich durch den Bildteppich, vom Handelnden Kreuz auf das Karfreitagsgeschehen, von dort zum wägenden Michael und zur Opferwand. Die Bilder ließen mich auch in der Folgezeit nicht los, aber sie verschoben sich in ihrer Bedeutsamkeit.

Heute vor drei Wochen waren wir in Thörl. Damals saß ich zunächst wie gebannt vor den neun Himmelsbögen der Engelhierarchien, vor dem Erzengel Michael, der als gewaltiger Führer der himmlischen Heerscharen auf dem großen Tor steht, vor dem Weltenschöpfer inmitten der Himmel mit den Geistwesen der Engel. In der Erinnerung trat dieses Bild mehr und mehr zurück; es verblaßte nicht, aber es hielt dem Denken nicht stand, es erschien mir zu statisch. Es drückt das Sein der geistigen Welt aus, nicht aber ihr fortwährendes Werden. Die Engelchöre jubeln, loben. Ihre Sphären klingen – aber sie schaffen nicht neu. Wollte ich es mit Aristoteles sagen, so fehlt die Entelechie, wie sie doch sogar in jedem Prozeß in der Natur zu erkennen ist. Zugegeben, die Gliederung des Bildes ist schon ein gewaltiges kosmisches Bild, aber aus den Gewölbeflächen drängten sich mir nachträglich andere Darstellungen immer deutlicher in die Vorstellung. Da verkündet gleichsam im Angesicht des Weltgerichts der Johannes-Adler dem Kirchenvater Augustin das Evangelium, aber gleichzeitig auch den Elementen Feuer, Erde, Luft und Wasser. Auch sie verwandeln sich durch das Christus-Ereignis: Siehe, ich mache alles neu! Das beeindruckende Bild an der Nordwand ist mehr dem kosmischen Sein gewidmet, die Bilder der Gewölbeflächen mehr dem Werden, in dem Mensch, Natur und Kosmos zusammenwirken. Die Rolle, die der Mensch dabei spielen soll, ist in den Gewölbeflächen dargestellt. Er soll in Verantwortung vor dem gesamten Kosmos handeln. Er ist wirklich ein Freigelassener der Schöpfung.

Das ist schon eine gewaltige Vision. Daß ich sie überhaupt denken kann, erscheint mir schon wie eine Gnade.«

Der letzte König

Ein Märchen

Es war einmal ein König, der hatte bei der Verteilung der Königreiche keines mehr erhalten. Er war auf der Suche nach einem Reich inzwischen weit in der Welt umhergekommen, aber alle Reiche, selbst das kleinste, waren vergeben. Er grämte sich darum nicht, aber muß ein König schließlich nicht auch ein Königreich haben?

Eines Tages geriet der König auf seiner Wanderschaft in eine Wüste. Dort gab es weit und breit nichts weiter als Sand und Steine. Nachdem er eine ganze Weile gewandert war, traf er auf einen breiten Fluß. Der mußte schon von weit herkommen, wenn er mitten in der Wüste noch so viel Wasser führte. Ein schmaler Streifen Wiesen und Gebüsche, die voller Gesang von Vögeln waren, begleitete den Fluß. Aber keine Brücke war zu sehen, keine Furt zu finden. Vielleicht liegt drüben mein Königreich, dachte der König und stieg zum Wasser hinunter. Da sah er in einer stillen Bucht hinter einem Strudel etwas auf dem Wasser sich abmühen, und wie er nähertrat, war es eine Bienenkönigin. Er half ihr aus dem Wasser und setzte sie zum Trocknen auf seine Hand. »Ich bin beim Hochzeitsflug in den Fluß gestürzt«, sagte die Bienenkönigin. »Nun wartet mein Volk vergeblich, daß ich heimkomme.« – »Nur etwas Geduld, du bist bald trocken«, sagte der König, »dann kannst du heimfliegen«. Er machte eine längere Pause. Dann sagte er: »Du hast wenigstens ein Volk, das auf dich wartet. Ich bin auch ein König und weiß bis heute nicht, wo die Menschen auf mich warten. Ich bin noch auf der Suche nach meinem Königreich.« Die Bienenkönigin hatte sich inzwischen gut erholt und erprobte ein paar Mal ihre gläsernen Flügel. »Du tust mir leid«, sagte sie, »ich weiß nicht, wo eines frei ist, und kann dir nur einen Rat geben, den ich von meiner Mutter habe: Suche das Licht. Ich habe seinen Widerschein weit hinter dem Fluß gesehen. Als ich aber näher heranfliegen wollte, bin ich in den Fluß gestürzt. Dir sieht man an, daß du ein richtiger König bist. Vielleicht liegt dein Königreich dahinten, weitab von diesem Fluß.« Nachdem sie so gesprochen hatte, entfaltete sie die Flügel, rief »Habe Dank und alles Gute« und flog auf und davon. Der König sah ihr nach, bis sie vom Blau des Himmels aufgesogen war.

Der König aber faßte sich ein Herz und warf sich mutig in die Flut. Ach, das Ufer war bald so weit und der Fluß so reißend. Sollte er umkehren? Der König schwamm mit kräftigen Stößen. Aber er konnte nicht verhindern, daß ihn ein gewaltiger Strudel in die Tiefe zog. Einen Augenblick befiel ihn Todesangst, da hatte ihn schon ein anderer Strudel gepackt und wieder nach oben geworfen. Das ging so schnell, daß er kaum einen Gedanken fassen konnte, und es kam ihm doch wie eine Ewigkeit vor. Er fühlte Grund unter den Füßen, watete ans Ufer und setzte sich erschöpft auf einen Stein. Sein nasses Zeug fühlte er überhaupt nicht. Als er noch wie abwesend ins Wasser blickte, trat ihm von dort sein Ebenbild entgegen, wie aus dem Gesicht geschnitten, aber so licht und freundlich, wie selbst er als guter König sich vorher nie im Spiegel gesehen hatte. Er schaute sich fragend um und sah im gleichen Augenblick, woher die schöne Spiegelerscheinung rührte. Hinter ihm stand wirklich sein Ebenbild, wie aus Licht und gleichzeitig durchsichtig, und wies freundlich mit der rechten Hand auf einen Wanderstab am Boden. Der König hob ihn auf und folgte der Gestalt, die ihm schweigend vorausging.

Keine Wüste umgab sie mehr. Sie wanderten durch einen wunderschönen Garten, in dem es grünte und blühte, geradeso wie es sich der König früher immer vom Paradies vorgestellt hatte. Alle Büsche und Bäume leuchteten wie von innen in zarten Farben, und um sie herum schwebte etwas wie Bienen und Schmetterlinge, aber viel zarter und feiner als die irdischen und durchsichtig. Der König sah in die Blüten hinein. Zarte Gesichter wie aus flüssigem Glas lächelten ihn an oder nickten ihm zu. So sollte es in seinem Königreich einmal sein, wenn er eines bekäme, dachte der König. Wie lange sie so wanderten? Lange, lange – aber keiner von uns weiß es, keiner war dabei. Schließlich gelangten sie an einen neuen Fluß, der war nicht aus Wasser, sondern aus grünem Metall und durch und durch glühend.

»Bruder«, sagte sein Ebenbild, »an diesem Kupferfluß muß ich dich verlassen. Ich darf nicht hinüber. Vielleicht liegt drüben dein Königreich. Nimm diese Blume als Erinnerung an mich und halte sie warm.«

Damit war es so plötzlich, wie es erschienen war, wieder verschwunden. Der König legte seinen Wanderstab am Ufer ab und barg die Blume sorgfältig in der linken Brusttasche seines Rockes. Dann warf er sich in den Kupferfluß. Zähe und glühende Fluten umgaben ihn. Er fühlte, daß er ohne die Blume verloren gewesen wäre. Sie umgab ihn mit einem hauchzarten Mantel, den die brodelnde Glut nicht versengen konnte. Er ruderte kräftig. Schier endlos wollte ihm die Anstrengung erscheinen, da stieß sein Fuß auf Grund. Er zog sich mit letzter Anstrengung die Uferböschung hinauf und sank erschöpft am Ufer nieder. So blieb er eine ganze Weile liegen, bis sein Mut wieder bei ihm war. Dann raffte er sich auf. Kein Wesen begegnete ihm, kein Ebenbild stand hinter ihm, das ihn führen konnte. Er war allein und blieb allein.

Jenseits des Kupferflusses war es alles andere als lieblich. Schon bald nachdem er wieder losgewandert war, stieß er zunächst auf ein paar verlassene Werkstätten, dann auf einige, die noch in Betrieb waren. Als erstes ging er auf eine Töpferei zu. Wie von Geisterhand bewegt, entstanden auf kreisenden Töpferscheiben Tiere, die er niemals vorher gesehen hatte. Geheimnisvoll bewegten sie sich in den Brennofen, geheimnisvoll erschienen sie wieder und sahen ihn mit dunklen Augen an. Nach einer Weile stieß er auf eine Schmiede. Auch hier bewegten sich Blasebalg und Hämmer von selbst, das Eisen drehte sich allein in der Glut der Esse, und auf dem Amboß entstanden Rosenknospen, wie sie ihm auf der Erde niemals begegnet waren. Einige waren noch geschlossen, einige ganz kurz vor dem Aufblühen. Aber weit und breit war keine Menschenseele zu erblicken. Wieder nach einer Weile traf er auf einen Acker. Unsichtbare Hände säten dort unaufhörlich goldene Samen, die sofort aufgingen und vor seinen staunenden Augen zu Palmen heranwuchsen. Den König verwunderte dies alles nicht mehr, auch nicht, als er an anderer Stelle auf gewaltige Gläser und Krüge traf, unter denen eine Glut sich selbst immer wieder anfachte. Alle Farben, die er je gesehen hatte, leuchteten aus den Gefäßen. Aber niemand war zu sehen. Nur eine zarte Stimme hörte er plötzlich und hätte später nie sagen können, ob er sie nur von innen oder auch mit seinem Ohr gehört hatte. Da faßte er in das hellste und heißeste Gefäß und hielt einen blendend feurigen Kristall in seiner Hand. Er verwahrte ihn wie die Blume sorgfältig in seinem Rock.

In diesem Augenblick traf er auf einen neuen Fluß. Er wollte verzagen. Aber könnte nicht jenseits das Licht und sein Königreich sein? Wieder warf er sich in die glänzende Glutflut, diesmal aus flüssigem Silber. Er rang um sein Leben, das ihn beinahe verließ. Aber welche Änderung, welch andere Welt erwartete ihn! Kein Garten, keine Werkstätten: Musik umgab ihn von allen Seiten. Ganz selbstverständlich reihte er sich ein und hörte sich selbst mit schöner lauter Stimme ein Gloria mitsingen. Niemand war zu sehen, nur Stimmen waren zu hören, aber der König fühlte die Nähe seiner Mitsänger. An anderer Stelle erhielt er eine Flöte und spielte in einem wunderschönen Flötenkonzert mit. Niemals hatte der König das gelernt und konnte es doch. So ging er weiter, immer mitmusizierend, durch Chöre, Orchester, Kapellen. Merkwürdig empfand es der König, daß das Vielerlei der Musik so harmonisch klang und kein Durcheinander ergab.

Immer weiter wanderte der König. Aber je weiter er wanderte, um so stiller wurde es. Da stand er plötzlich vor dem Goldfluß. Der König ahnte, daß ihn vor dieser Glut weder die Blume noch der Lichtstein schützen konnte. Ehe er überlegen und einen Entschluß fassen konnte, reichte ihm jemand eine Harfe. Jede der sieben Saiten wurde von einer Farbe des Regenbogens gebildet, das fühlte der König. Er griff in die Saiten und spielte und spielte. Es war das Lied von der Erde und von den Himmeln. Er hatte es immer in sich getragen, nun konnte er es zum Erklingen bringen.

Da löste sich ein Regenbogen aus seiner Harfe und wölbte sich als Brücke über den Fluß. Es war ihm, als wenn er von der anderen Seite einen Wink erhielte. So wagte er sich auf die schimmernde, leuchtende Brücke. Sie tönte in gewaltigen Glockentönen unter seinem Schritt. Unten floß der Goldfluß, die Sonne selbst. Er konnte nicht mehr sehen vor Lichtfülle. Aber jemand nahm ihn an die Hand und führte ihn. Nun stand er im Licht. Ein Schleier wurde vor ihm weggezogen. Da nahm er die Blume, den Stein und sein Herz, um sie dem Licht zu geben.

Der Schöpfergott in der Regenbogenmandorla über den neun Hierarchien

Regenbogen über der Landschaft

In diesem Augenblick erwachte der König. Er lag immer noch am Fluß inmitten der Wüste. Er mußte eingeschlafen sein. Um ihn herum knisterte es vor Trockenheit und Hitze. Der Fluß strömte in trägen Wirbeln dahin. Wenn er ein Geheimnis barg, so verschwieg er es jetzt. Der König fühlte sich erschöpft, müde und durstig. Aber trotz allem war er gelöst, glücklich und heiter.

Bevor die Nacht anbrach, machte er sich auf den Weg. Als er müde flußabwärts in die nächste Stadt kam, traf er auf große Trauer. Ihr König war plötzlich verstorben und hatte keine Erben. Er hatte aber noch vor seinem Tode verfügt, daß derjenige König werden sollte, der den Lichtstein besäße. Aber selbst die klugen Räte waren ratlos. Wie sollte man einen solchen Menschen finden? Da erinnerte sich unser König und war zum ersten Male traurig. Hatte er den Stein nicht besessen und verschenkt? Er faßte an sein Herz und fühlte auf seiner Brust etwas Hartes. Es war der gesuchte Stein. Der König war überrascht. Fachleute prüften den Stein. Ohne Zweifel, es war der echte Lichtstein. Das Volk hatte seinen König gefunden, der König ohne Königreich sein Land. Er regierte es lange. Der Lichtstein wurde in die Krone eingearbeitet, und immer, wenn der König sich mit der Krone zeigte, fiel ein wundersamer Glanz auf das Land und seine Bewohner. Oft mußte der König an sein Erlebnis am Fluß denken. Bei allen wichtigen Entscheidungen sagte er: »Im Namen der Regenbogenharfe«. Er bestimmte sie sogar zum Wappen des Landes. Ja, die Menschen grüßten sich an Feiertagen mit dem Gruß: »Im Namen der Regenbogenharfe«.

Vielleicht hat es damit etwas zu tun, daß dieses Land das erste glückliche Land dieser Erde wurde.

Die Regenbogenharfe

Horch, die Regenbogenharfe!
Vor der schwarzen Wolkenwand
sprengt ein Falter seine Larve,
stäubt sein Sonnengold auf's Land,
fliegt im Weihrauchduft der Fichten
aufwärts zu den Cherubinen,
setzt sich zu den Reinen, Lichten,
musiziert und klingt mit ihnen.
Sieben Farben, sieben Töne
hat das Herz der ganzen Welt.
Schlimmes, Gutes, alles Schöne
wird durch sie ins Licht gestellt.
Da zerreißt die Himmelsharfe.
Engelfittich birgt den Fall.
Frei vom Panzerhemd der Larve
ist die Heimat überall.

Beschreibung der neun Engelhierarchien in St. Andrae

Auf dem großen Fresko an der Nordwand der Kirche ist die Darstellung des Handelnden Kreuzes vom Bild der neun Engelhierarchien durch ein Wolkenband und eine gewaltige Mauer abgetrennt (s. S. 37). Etwas ganz anderes beginnt hinter der Mauer: die Welt des Geistes außerhalb jeder Sinneswahrnehmung, aber nicht außerhalb jeglicher Erfahrbarkeit. Christus erschließt im Tode diese Welt für die Menschheit.

Der Erzengel Michael steht auf dem Tor. Jeder Betrachter des Hierarchienbildes spürt, daß er aus den Engelchören mit Absicht so gewaltig herausgehoben ist. Als »Führer der himmlischen Heerscharen« durchschaut er alle Geschehnisse in den Himmeln. Indem er auf der Mauer steht, die die irdische von der himmlischen Welt trennt, durchschaut er auch alle Ereignisse und Mächte der physischen Welt, sagt das Bild. Indem sein Haupt aber bis an die Lichtsphäre Gottes reicht, nimmt er auch unmittelbar jeden Wink des Schöpfergottes wahr. Man kann den Eindruck gewinnen, daß Michael dem Maler wichtiger war als die neun Hierarchien: Das Heraufkommen eines neuen Zeitalters kündigt sich an. Diese neue, gewaltige Führerschaft Michaels muß den Maler tief bewegt haben.

Die Waage weist ihn als Bevollmächtigten aus, der aus der Kenntnis aller Regungen in der irdischen wie in der himmlischen Welt urteilen kann. Das Schwert deutet auf seine Bereitschaft, es mit den Mächten des Bösen aufzunehmen. Indem das Schwert und seine Aura aber das Gotteslicht berühren, ist er als Diener dieses göttlichen Lichtes und Wortes gekennzeichnet. Sein Gesicht spiegelt diese gleichzeitige Wahrnehmung der Geschehnisse in den Himmeln, auf der Erde und der Winke und Worte Gottes in gespannter Aufmerksamkeit wider. Der Text auf dem Tor, »Prima celos tangit«, heißt so viel wie: »Die erste Hand berührt oder öffnet den Himmel.«

In einem apokryphen Johannes-Evangelium, das lange unbeachtet in Mailand lag und 1967 erstmals (ins Schwedische) übersetzt wurde, heißt es, nachdem die Himmelfahrt in einem Wagen aus Licht unter der Begleitung der Engel geschildert wurde: »Die Jünger berichteten: ›Als unser Herr Christus auffuhr gen Himmel, hielt er inne auf jeder Stufe der neun Chöre der Engel, je einen Tag, wobei sie ihn priesen und Loblieder sangen und Kunde empfingen von ihm, wie er zum Menschen geworden. Am zehnten Tag, zur dritten Stunde des Tages – der da war ein Sonntag – setzte er sich nieder auf seiner Herrlichkeit Thron.‹ Daher kam der Heilige Geist über die Jünger nicht vor dem zehnten Tage nach unseres Herrn Aufstieg zum Himmel.« (Kap.54, zitiert nach Zauner, S.68)

Übereinander, jeweils durch ein Wolkenband getrennt, wölben sich die Himmel der neun Engelhierarchien. Solche Bildzeichen sind wörtlich zu nehmen. Auch wir fühlen, daß es die Wolken sind, die unsere Erde von der Unendlichkeit des Himmels trennen. Wenn der Maler die Engelhierarchien zunächst durch eine Mauer und ein Wolkenband von der übrigen Welt trennt und auch noch zwischen jede Engelsphäre ein trennendes Wolkenband zieht, so drückt er damit aus, daß jeder Hierarchie eine eigene Wesenswelt und damit ein eigener Aufgabenkreis zukommt im kosmischen Schöpfungszusammenhang. »Vater unser, der Du bist in *den* Himmeln …«, heißt es ja auch in der richtigen Übersetzung des zentralen Gebetes der Christenheit.

Wenn man vor dem Bilde sitzt, gehen die Augen immer wieder von unten nach oben, und man spürt, daß es nicht nur die Darstellung von Engeln ist, sondern ein Meditationsbild. Die neun Hierarchien gliedern sich nach alter Erfahrung in drei Triaden. Die höchste ist dem Vater zugeordnet, die mittlere dem Schaffen des Sohnes und die untere dem Heiligen Geist.

Nach frühchristlicher und auch neuer Erfahrung sind aus der unteren Triade die Engel vor allem mit dem einzelnen Menschen, die Erzengel vor allem mit den Völkern und Sprachgruppen und ihrem Menschheitsauftrag und die Urkräfte vor allem der Menschheit und den Zeitaltern als Ganzes verbunden. Die Darstellung in Thörl weicht von dieser Erfahrung insofern ab, als von unten gezählt die dritte mit der fünften

Hierarchie vertauscht wurde. Da aber alle Hierarchien mehr im Lobe Gottes als in ihren Aufgaben tätig dargestellt werden, soll dieses Problem hier weiter keine Beachtung finden.

Nur wenige Wesenszüge haben die Engel der drei unteren Hierarchien miteinander gemein. Alle sind sie ohne Kopfbedeckung. Das unterstreicht ihre Ehrerbietung gegenüber dem, was sie als Aufgabe und Hilfe von oben empfangen, vor allem Licht – Erkenntnislicht –, das durch alle Himmel bis zu ihnen dringt und sich auf ihren Gesichtern und Stirnen als heller Schein widerspiegelt. Aber ihre Gesichter sind verhältnismäßig einheitlich, gleichsam überindividuell, und nur im Handeln, das vorwiegend im Spielen der Instrumente liegt, unterscheiden sie sich. Lediglich im unteren Rang, bei den Schutzengeln, kann man spezifische Aufgaben erkennen, die dem Maler bewußt gewesen sind. Alle anderen Engel sind Hingabe, Anbetung, Gotteslob durch Musik.

1. Angeli, Angeloi, Engel, »Söhne des Lebens«

Sie sind die ersten jenseits der Mauer, die die physische von der geistigen Welt trennt. Sie sind weiß gekleidet und schauen anbetend auf. Weit sind ihre Flügel gespannt. In ihren Händen tragen sie Tücher. Unwillkürlich stellt sich der Gedanke an ein Schiff ein. In den Tüchern sitzen anbetend winzig kleine Menschen, die man weder als Männer noch als Frauen erkennen kann. Sicher, es sind die guten Seelen, worauf die Kleinheit hindeutet. Es wird mit dieser Darstellung aber auch ein Maßstab gesetzt zwischen der Größe eines Engels und der eines Menschen.

2. Archangeli, Archangeloi, Erzengel, »Feuergeister«, »Volksgeister«

Jeder kann sich wohl »seinen« Engel vorstellen, der ihn begleitet und das persönliche Schicksal – das vergangene, gegenwärtige und zukünftige – zu jeder Zeit überschaut. Es bedarf schon einer erheblichen übenden Anstrengung, in den Bereich einzutauchen, in dem die Erzengel alle Strömungen und Bewegungen eines Sprachraumes, eines Volkes überschauen und lenken. Im Fresko von Thörl sind die Erzengel in lichtem Blau gehalten. Der Glanz des Himmels liegt auf der Stirne derjenigen, die der Aura Gottes am nächsten sind. Alle beten an; konzentriert der erste, auf sich weisend der zweite, sich öffnend der vierte. Beim Verweilen in dieser Hierarchie ziehen dem Betrachter wohl leicht Worte durch den Sinn wie: »Nimm mich hin«, oder: »Nicht wie ich will«.

3. Virtutes, Dynameis, Mächte, Tugenden, Weltenkräfte, »Geister der Bewegung«

Sie machen Musik, mit Hackbrett oder Trummscheit, Schalmei, Virginal und Glockenspiel. Auch hier sind Beter dargestellt. Deutlich ist: sie verherrlichen Gott und die Schöpfung. Man hat beim Betrachten das Gefühl, als ob sich diese Hierarchie wie ein erster großer Klangkörper der himmlischen Harmonie um die Welt legt und der Künstler hier die Engel und Erzengel noch einmal zu einer größeren Einheit verbinden wollte.

Vielleicht ist es bei dieser grandiosen Komposition gar nicht so wichtig, wie richtig nach unserer heutigen Erkenntnis eine Einzelheit ist, daß hier die Reihenfolge Virtutes und Prinzipatus vertauscht werden müßte.

Die mittlere Triade ist dem Sohne zugeordnet und seinem Schaffen. Die Wirksamkeit dieser Engel übersteigt unsere Alltagserfahrung vollständig. Sie haben als geistige Wesenheiten der geschaffenen und schaffenden Natur dem Kosmos, den Sternen, den Steinen, den Pflanzen und Tieren Struktur, Form und Wesen gegeben. Alle Abläufe in der Natur sind ihr Werk.

Dieses Wissen kommt im Fresko von St.Andrae nicht mehr unmittelbar zur Anschauung. Nur zarte Hinweise lassen sich ausmachen. So trägt die untere Hierarchie dieser mittleren Triade keine Kopfbedeckung, die mittlere eine Kappe, die obere jedoch Krone und Zepter.

Als Betrachter rätselt man über den Sinn, und nacheinander tauchen Begriffe auf wie Anbeten, Verkündigen, Herrschen oder Lenken. Insbesondere die untere Hierarchie ist belebt und in Tätigkeit dargestellt. Das Schwert inmitten der Musik deutet darauf hin, daß hier das »schaffende Wort« verkündet wird. Der Engel mit dem Päuklein und der Einhandflöte unterstreicht diesen Eindruck. Das gilt auch für die Trompete, die seit alters her immer dann erklingt, wenn besonders bedeutsame göttliche Botschaften ertönen. Indem die Trompeten nach oben und nach unten gerichtet sind, wird die schöpferische Kraft dieser Hierarchie deutlich.

4. Potestates, Exusiai, Obrigkeiten, Gewalten, Offenbarer, »Geister der Form« – hebräisch: Elohim

Deutlich ist, daß sie in ihrem leuchtenden Violett gewaltige Nachrichten bringen. Dafür sind die Trompeten ein Zeichen, die sowohl in Richtung Himmel wie in Richtung Erde tönen. Merkwürdig ist der Engel mit Päuklein und Einhandflöte. Mit diesem Instrument wurde im 15. Jahrhundert auf den Straßen zum Tanz aufgespielt. Einige Gesichter werden vom Licht der Aura erhellt. Alle Engel haben jeweils eigene, individuelle Haltungen, vor allem diejenigen, die mit Schwert und Schild ausgestattet sind und darauf hindeuten, daß sie etwas zu verteidigen oder mit dem »Schwert des Wortes« mitzuteilen haben..

5. Prinzipatus, Archai, Fürstentümer, Urbeginne, Urkräfte, »Zeitgeister«, »Geister der Persönlichkeit«

Abgesehen davon, daß sie an die dritte Stelle von unten gehören (der Name »Zeitgeister« drückt es deutlich aus), sind sie der erste Bogen, der erste Himmel, der von selbst kupfergrün leuchtet und sein Licht nicht mehr allein von der Aura Gottes empfängt. Dargestellt sind wieder Gebet, innige Hingabe und Musizieren mit Fidel, Laute und einer Triangel mit Ringschellen. Alle Engel tragen ein Barett, und hinter jedem ist blaß ein goldener Nimbus wahrzunehmen.

6. Dominationes, Kyriotetes, Herrschaften, Weltenlenker, »Geister der Weisheit«

Sie sind in einem milden Blau gehalten. Hier stimmt die Überlieferung mit der Geistesforschung deutlich überein, wenn man das Bild des goldenen Reichsapfels und des Zepters mit dem Kreuz und der goldenen Krone als Symbol des weisen Herrschens und Lenkens empfindet. Die Gesichter drücken einheitlichen Willen aus. Lediglich die Kragenformen deuten auf unterschiedliche geistige Aufgaben hin.

Die höchste Triade ist dem Vatergott zugeordnet. Schon das Schriftband drückt aus, daß die Zuordnung dieser Engelsphären dem ewigen Sein und nicht dem Schaffen gilt. Dies wird auch dadurch deutlich, daß bei allen Engeln dieser Triade das Licht auch von den Engeln selbst ausgeht, so durchdrungen sind sie vom Gotteslicht. Das warme Liebeslicht der Seraphim durchglüht sogar noch den Himmel hinter ihnen. Die Cherubim der mittleren Hierarchie fallen insofern aus dem Rahmen, als sie als individuell unterscheidbare Wesenheiten dargestellt sind – bis in die Gestalt der Flügel. Man empfindet, daß hier auf das schon gesprochene Wort und auf das noch zu sprechende hingewiesen wird. Alle Gesten unterstreichen die verehrende Hinwendung zur Schöpferkraft. Aber den Bildern ist nicht mehr zu entnehmen, daß diese Engelwesen aus der Nähe Gottes am Urbeginne die Verdichtung des Geistes zur Stofflichkeit mitvollzogen haben.

7. Throne, »Geister des Willens«

Sie haben übereinstimmend nur diesen einen Namen. Auf ihnen ruht gleichsam die Schöpfung, der gesamte Kosmos. In St. Andrae sind sie in einem intensiven Grün gehalten und tragen ein merkwürdiges, zweifarbiges Barett. In der Hand halten sie ein Zepter mit Knauf, dessen Bedeutung unklar ist. Während sich ihre Handgebärden stark unterscheiden, sind die Gesichter von großer Ähnlichkeit.

8. Cherubine, Cherubim, »Geister der Harmonie«

Jeder Engel ist anders dargestellt. Jedes Gewand ist andersfarbig, jedes Gesicht hat einen anderen Ausdruck. Dem entspricht auch die Ausstattung. Gott am nächsten weist ein Cherubin auf das Buch des Lebens. Daneben musiziert je ein Cherubin auf den königlichen Instrumenten Harfe und Orgel, die nur noch einmal, über dem Altar, auftauchen. Die etwas fernstehenden Engel beten an. Wie schon bei den Thronen und bei Michael erglänzen bei einigen die Flügel in hellem Gold.

9. Seraphine, Seraphim, »Geister der Liebe«, »Die Gott-Schauenden«

Sie erglühen in warmem Rot, leuchten gleichsam von innen her. Ihr eigenes Licht überstrahlt die Flügel. Sie schauen auf Gott und beten an. Sie tragen weder Schwert noch Buch, noch Instrument. Man spürt beim Anschauen förmlich die Nähe Gottes und die Ferne der unteren Engel. Auf dem Spruchband steht hinter ihrem Namen: »Sanctus, Sanctus, Dominus«, (rechts:) »Deus qui est et qui erat«. Das ist zu deutsch etwa: »Heilig, heilig ist Gott der Herr, der ist und (ewig) sein wird.«

Gott Vater, der Schöpfergott

Wenn man längere Zeit vor dem Hierarchienbild gesessen hat, hat man deutlich das Gefühl, daß hier wirklich der »Vater unser in den Himmeln« dargestellt ist. Seine Symbole empfindet man als Symbole des gerechten Herrschers, nicht der Macht. Die Taube vor seinem Herzen – wenn diese Metapher erlaubt ist – erweckt die Vorstellung von der Jordantaufe. Die Kugel empfindet man als Weltkugel, die im Zeichen des Kreuzes goldfarben wird. Auch die Krone beschreibt einen Wesenszug Gottes mit ihren fünf Zacken und sieben Kugeln. Das Zepter ähnelt dem der Dominationes, bis zu denen auch die riesige Aura reicht.

Unter dem Eindruck dieses Bildes werden die neun Hierarchien zu einer transparenten, gewaltigen Treppe, über die die Gottheit niedersteigen und der Mensch als »Ebenbild Gottes« aufsteigen kann.

Die Musik der Engel

Die Welt als Klang

Viele Engel auf den Fresken in St.Andrae machen Musik. Das deckt sich auch mit vielen anderen Darstellungen und der Erfahrung vergangener Generationen. Deshalb bin ich so gut wie sicher, daß die ganze Engelsphäre Klang ist. Die wiedergegebenen Instrumente stellen mit Harfe, Cembalo, Trommel, Flöte, Mandola und Geige das Orchester am Übergang vom Mittelalter zur Neuzeit dar. Nur im nächsten Umkreis des Christus und des Schöpfergottes treten die profanen Holz-, Streich- und Tasteninstrumente zurück. Es bleiben die königlichen Instrumente wie Harfe und Orgel. Trompete und Posaune ertönen. Hier ist die Erfahrung ins Bild gebracht – oder muß man Wissen schreiben? –, daß das gesamte Weltall Klang ist, indem sich die Posaunen, Trompeten und die Orgel im donnernden, brausenden Tönen gleich einer Hülle um den Schöpfergott legen. Ich habe bei seinem Anblick immer wieder das Gefühl, daß die Regenbogen-Mandorla sich wie eine gewaltige Schutzzone noch einmal zwischen ihn und die Klangwelt der musizierenden Engel einfügt. Klang und Stille, Versenkung und Tätigkeit werden so gleichzeitig anschaulich.

Ganz auffällig ist, daß die Engel nicht nur in die Musik vertieft sind, die sie machen. Sie lauschen auch auf das, was noch in den Sphären ertönt. Musik machen, gleichzeitig auf alle anderen Stimmen lauschen und sich einfügen ist die Botschaft, die dem Betrachter als erstes entgegentritt. Das Besondere ist in Thörl wie auf allen Bildern, die mit »Engelerfahrung« gemalt wurden, der Blick dieser Engel. Ich muß einen paradoxen Ausdruck gebrauchen: Sie hören mit den Augen. Wenn unser alltäglicher Blick über die Dinge streift, liegt in ihm immer ein abtastendes, abschätzendes, aggressives, eroberndes Verhalten verborgen. Wo wir auch gehen und stehen und die Dinge aus der Ferne oder Nähe ansehen, nehmen wir zumindest probeweise Besitz von dem, was wir ansehen. Oft folgt dieser Probe durch das Auge die Tat durch die Hand. Das Auge ist unser Organ, das unser Ich, unser Bewußtsein und unseren Willen in die Außenwelt spazierenführt, das außerhalb von uns agiert und dennoch nur die Oberfläche der Dinge berühren kann. Das Ohr dagegen nimmt allen Klang nach innen. Der Sinneseindruck des Hörens kann sich viel inniger mit unserem Wesen vereinen als der des Auges. Das Auge kann zum Organ eines egoistischen, materiellen »Ego« entarten. Das Ohr ist selbstlos auf das Du gerichtet – solange der Mensch wirklich zuhört. Diese Haltung stellen die Engel in Steigerung dar. Ihre Augen haben gleichsam Eigenschaften der Ohren angenommen. Die Engel hören auch mit den Augen. Sie sind durch und durch Tätige und zugleich Empfangende, Hingegebene. Das Ohr allein genügt aber nicht zum Hören der Klangwelt der geistigen Sphären, in unserer Tradition Himmel genannt. Das Auge wird zum Ohr, zum Organ schauender Wahrnehmung.

Die Engel sind damit Ausdruck einer höheren Erkenntnisstufe, der wir folgen sollen: Auch wir sollen das Auge nach innen wenden, es zum Ohr der Wahrnehmung für die Schöpfung machen und auf die gewöhnliche Sinnesart unseres Auges verzichten. Dieser »hörende Blick« der Engel ist mehr als Ausdruck der Meditation. Er ist nicht leer – wie z. B. bei vielen fernöstlichen Meditationsdarstellungen –, sondern übervoll, vor Begeist(er)ung überquellend, mit Sein getränkt.

Klang oder Licht?

Eine überraschend wirkliche Geschichte

Als sich das Hörvermögen der Bevölkerung dramatisch verschlechterte, übernahmen die Optiker auch die Versorgung mit Hörgeräten. Man konnte ihren Streit für lächerlich oder überflüssig halten. Bis in die Schaufenstergestaltung schlug er sich nieder, indem die eine Gruppe bevorzugt Brillen und optische Geräte ausstellte, die andere Hörhilfen. Da stießen die Passanten dann auf Werbesprüche wie »Licht ist Leben« oder »Verhindert die Finsternis« oder »Im Lichte bleiben«. Andere hatten Zeilen wie »Die Welt ist Klang« oder »Nur wer Ohren hat, kann hören« in großen Buchstaben über der Dekoration angebracht. Die Öffentlichkeit nahm davon kaum Notiz; sie diskutierte über Lohnerhöhung und Arbeitszeitverkürzung. Aber für die Optiker war der Streit wichtig, denn von seinem Ausgang hing ab, wohin die Forschungsgelder fließen würden, die der Optikerverband jährlich ausschüttete.

Etwa Mitte 1998 beschloß der Vorstand, die nächste Tagung des Optikerverbandes dieser Auseinandersetzung zu widmen. Es wurden erstrangige Wissenschaftler gewonnen, die der Frage nachgehen sollten, ob die Welt des Hörens oder die des Sehens für die Menschen von größerer Wichtigkeit sei. Zu Beginn der Tagung berichtete der Ethologe Willigis über seine Beobachtungen an Schimpansen. Ihre Welt würde erschlossen durch die Wahrnehmung von Bewegung, Farben und bestimmten Formen. Das Gehör spiele offenbar nur für die Warnung vor Gefahren eine Rolle. Ein Tiefenpsychologe mit Namen Jungius stellte dar, daß im Unterbewußten des Menschen wohl Urbilder vorhanden seien, aber Urklänge habe man noch nicht gefunden. Ein Kunstprofessor, der im Programm noch mit »N.N. (Wöldeke angefragt)« ausgedruckt war, trug vor, er habe herausgefunden, daß der Mensch bis zu 42 Grüntöne unterscheiden könne. Durch Vergleichsstudien an Bildern habe sich herausgestellt, daß das Unterscheidungsvermögen für Grün seit der Erfindung der Brille zugenommen, das für Rot dagegen abgenommen habe. Dies spräche eindeutig für eine Bevorzugung des Auges, über die Konsequenzen bezüglich der Tönung der Brillengläser könne er allerdings noch nichts sagen. Danach hielt der Werbefachmann Berg einen vielbeachteten Vortrag, aus dem sogar das Fernsehen einige Passagen sendete. »Alle Werbung, alle Verkehrszeichen und insbesondere das Fernsehen sind auf das Sehen eingerichtet. Unsere bedeutsamen Erkenntnisse verdanken wir schließlich dem Fernrohr und dem Mikroskop, die unser Auge und nicht unser Gehör erweitern.« Applaus. Noch ehe der erste Vortrag der Spezialisten für das Hören stattfand, schien der Streit entschieden, und man fragte sich bereits, ob es nicht Zeitvergeudung sei, nun noch Ausführungen über solch exotische Themen wie »Klangverhältnisse in den Maßen griechischer Tempel und romanischer Kirchen« oder »Die Harmonisierung des Menschen durch Musik« anzuhören. Der Präsident, der auf der Seite der »Seher« stand, hatte dies gerade eingeworfen, als ein junger Optiker die Bühne betrat, gelassen ein »Entschuldigung« von sich gab und das Verbindungskabel zwischen Lautsprecheranlage und Mikrophon trennte. Unruhe kam auf, der Geräuschpegel stieg durch den Unmut der Teilnehmer über diesen Anschlag – keine Stimme drang mehr bis in die hintersten Reihen durch. So einfach durfte man sich die Entscheidung doch wohl nicht machen! Der junge Mann, der sich seinen »Anschlag« offenbar sehr genau überlegt hatte, verband die Kabel wieder. »Meine Damen und Herren«, sagte er. Da wurde es still. In diesem Augenblick löschte er das Licht im Saal. Eine solche Möglichkeit bestand am Rednerpult – wegen der Lichtbildvorträge. »Meine Damen und Herren, bitte bleiben sie ruhig, brechen sie nicht in Panik aus! Prüfen sie selbst, ob sie jetzt beim Zuhören ihre Ohren oder ihre Augen brauchen!« Er wartete eine Weile, dann machte er wieder Licht und ging, ohne ein weiteres Wort zu sagen, zurück auf seinen Platz. Zögernd begann einer zu klatschen, fast alle fielen ein.

So kam es, daß der Vorstand am Ende der Tagung seinen ursprünglichen Plan fallen ließ, die Bevölkerung zu befragen, welches Sinnesorgan jeder einzelne für das wichtigere hielt. Statt dessen beschloß er eine Untersuchung über die Welt des Sehens und die Welt des Hörens. Zunächst wurden die Forschungsgelder gleichmäßig aufgeteilt: Erforscht wurde die Breite der beiden Sinneswahrnehmungen, die Trennschärfe, die Fähigkeit des Menschen, aus einem gleichmäßigen »Sinnesteppich« Einzelheiten herauszulösen, die Art des Erlebens. Ein Erstaunen folgte dem anderen. Das Auge erwies sich als ein sehr vordergründiges Organ, das nur deshalb so wichtig ist, weil es dem Willen des Menschen gehorcht. Das Ohr dagegen: Welch eine große, eigenartige Welt tut sich auf in der Sprache, der Musik, den Geräuschen der Natur. Man konnte durch eine kleine Klangverstärkung sogar das Rauschen des Saftes in den Bäumen hörbar machen oder die Unterhaltung der Fische. Immer wieder stießen die Forscher auf geheimnisvolle Zahlenverhältnisse, die sie in der Musik wiederfanden, im Bau der Pflanzen, sogar in der Materie selbst und in den Maßverhältnissen einiger Tempel und Kirchen. Das Hören ist offenbar eine Vorübung für die Wahrnehmung großer Weltgeheimnisse. Einer der Forscher überschrieb seinen Bericht gar mit dem Satz aus der Bibel: »Wer Ohren hat zu hören, der höre!« So kam es, daß die Forschungsgelder für das Sehen ausreichten, die für das Hören aber immer weiter erhöht werden mußten.

Als die Forscher kurz vor dem Jahr 2005 ihren Bericht vorlegten, enthielt er Ungeheuerliches: Die Bevorzugung des Auges in unserer Kultur sei die wichtigste Teilursache für die Zerstörung der Umwelt. Zuhören-Lernen sei Dienen-Lernen. Das Zuhören-Lernen sei die einzige Rettung vor einer Umweltkatastrophe. Es käme nicht auf ein scharfes, sondern auf ein sanftes Sehen an. Nur weil das Ohr zum vernachlässigten Sinnesorgan geworden sei, habe sich die Umwelt unbemerkt so dramatisch verändern können. So ging es fort im Abschlußgutachten der Wissenschaftler. Aus dem Streit der Optiker hatten sich wichtige Prinzipien für das Überleben der Menschheit ergeben. Das Wort »Es werde Licht« trifft im übertragenen Sinne eher auf das Hören als auf das Sehen zu. Ist vielleicht gar kein physisches Licht gemeint? Geht es vielleicht um das Licht der Erkenntnis, das allein durch das Wort und das Ohr vermittelt wird? Es bestand Hoffnung, daß die Pflege des Zuhörens das dritte Jahrtausend der Zeitrechnung bestimmen würde.

Jener junge Mann, der damals im letzten Augenblick durch einen schöpferischen Einfall die Wende herbeigeführt hatte, wurde im Jahre 2010 mit dem Nobelpreis für Verdienste um die Umwelterhaltung ausgezeichnet.

Die Welt als Licht und Klang

Wir sind zu viert nach Thörl-Maglern gefahren, um dort die Fresken anzusehen. Der Frühling geht schon seinem Ende entgegen. Wir haben das Auto unter den Birken abgestellt und wollen noch ein wenig Abstand gewinnen, ehe wir in die Bilderwelt eintauchen. So gehen wir über den Friedhof mit den farbenfrohen Gräbern, zu denen die Lebensbäume den angemessenen Ernst beisteuern. Als wir dicht an einem Busch vorbeistreifen, flüchtet laut warnend eine Amsel. Ob im Gebüsch wohl ihr Nest ist? Einer von uns zieht vorsichtig die Zweige auseinander und ruft: »Ein Nest mit vier Eiern!« Alle treten hinzu. Tatsächlich, vier blaue Eier liegen in der tiefen Mulde. Wir sehen uns an. Drinnen in der Kirche warten die Engel auf uns. Hier draußen brütet eine Amsel neues Leben aus. Noch verharrt es im Dunkel, aber aus dem Dunkel des Eis wird es ans Licht treten, ins Licht fallen. Wir schließen die Zweige wieder und stehen etwas unschlüssig in der warmen Morgensonne. Da sagt einer von uns in die Stille: »Das Geheimnis dieser Bildekräfte möchte ich verstehen können!« Die anderen schweigen. Jetzt sagt ein anderer der vier: »Vielleicht ergibt sich aus dem, was mir gerade einfällt, ein Sinn. Ich habe neulich einen Vortrag darüber gehört, wie oft das große Sprachgenie Luther Texte völlig willkürlich übersetzt und den Sinn dadurch verändert hat. Ein Beispiel betraf die Schöpfungsgeschichte, wo es im Luthertext heißt: ›Der Geist Gottes schwebte auf dem Wasser.‹ Richtig hieße es dagegen: ›Der Geist Gottes *brütete* auf dem Wasser.‹«

Das durchzuckte mich wie ein Erkenntnisblitz. Der kleine Vogel brütet im Gebüsch auf vier Eiern. Mein kleiner Menschengeist brütet vielleicht schon auf einem Gedicht. Hat beides eine Beziehung zum Bibeltext, nach dem der große Gottesgeist vor der eigentlichen Schöpfung auf der Finsternis brütete? In der Wärme, in der wärmenden Liebe ist das Anfangsgeheimnis der Weltschöpfung verborgen. Wie nahe war das Bild mit dem brütenden Vogel plötzlich dem Bild mit den geflügelten Engeln, die uns drinnen erwarteten. Die Wärme ist die große vorbereitende Wandlungsmacht, die alles, was noch in der Finsternis verborgen ist, auf die Schöpfung vorbereitet. Sie geht den ersten Werde-Worten Gottes voraus.

Der erste von uns, der nach dem Geheimnis der Bildekräfte gefragt hatte, sagt jetzt: »Es gibt ja in allen Kulturen ähnliche Schöpfungsgeschichten. In manchen entsteht die Welt tatsächlich aus einem richtigen Ei.« Seine Frau unterbricht ihn. »Ich würde den Faden in Erwartung der Engelbilder so nicht weiterspinnen, sondern eher den Fortgang in unserer Schöpfungsgeschichte anschauen. Da spricht Gott nach dieser Aussage in die absolute Stille das erste Werde-Wort, das Licht und Finsternis, Tag und Nacht scheidet. Ein Wort ist für mich zugleich Klang und Sinn, wobei Sinn immer Ordnung, Gesetz ist. Daß fast gleichzeitig mit dem Wort das Licht aufleuchtet, wird sofort durch den folgenden Satz unterstrichen: ›Und Gott *sah,* daß es gut war!‹« Ich ergänze: »Aber vor allem Anfang war dennoch die Wärme!« Nun mischt sich wieder der zweite in das Gespräch, das eigentlich ein Vogel ausbrüten half: »Ich habe das bisher so verstanden: Aus dem Wort, mit dem Wort, durch das Wort – das immer zugleich Klang und Sinn und damit Gesetz ist – entsteht die Scheidung, das Heraussondern der Urpolaritäten Licht und Finsternis, später auch Himmel und Erde, Land und Meer. Danach entstehen merkwürdigerweise die Pflanzen und mit dem Tag- und Nachtgestirn die Zeit. Diesem Werdeprozeß aus dem Gottesgeist kann sogar die moderne Naturwissenschaft zustimmen. Unmittelbar nach jedem Werde-Wort, nach jeder Werde-Stufe heißt es: ›Gott *sah,* daß es gut war.‹ Sehen kann man nur im Tageslicht und im Erkenntnislicht.«

Jetzt schweigen alle und wenden sich dem Kircheneingang mit dem sicheren Gefühl zu, daß schon dieses Gespräch unmittelbar etwas mit schöpferischen Engelwesen, vielleicht sogar mit unseren Engeln zu tun hat. Das Ur-Eine offenbart sich in den Urpolaritäten. Es opfert sich selbst in das sinnlich Faßbare, in die Materie. Wie hätte die Existenz Gottes sonst erfahrbar werden können, wenn sie sich nicht sichtbar gemacht hätte, mit Materie umgeben hätte, die den Stempel seines Gei-

Engel mit Einhandflöte und Päuklein

Grüne Lichtlandschaft

steswirkens trägt? Das Naturgesetz ist genauso ein Teil davon wie die Schönheit. Das Wort und das Licht, das Licht und der Klang sind Ausdruck für die ursprünglichen Erfahrungsweisen dieser göttlich-schöpferischen Welt – bis hin in das Licht dieses Sonnentages oder das Lied der Amsel.

Unter diesen Gedanken treten wir in das gedämpfte Licht der Kirche ein und setzen uns schweigend auf die Bank. Keiner wagt hier, ein Wort zu sprechen, jeder ist mit seinen Gedanken allein. Wie klein die Bilder in der Realität sind, wie groß sie in der Erinnerung werden! Die Gedanken wandern wie schon so oft durch das Hierarchienbild, zuerst von unten nach oben, dann immer wieder von oben nach unten. Das ist der Weg der Schöpfung. Diese Wesenheiten sind Stufe um Stufe einbezogen in die Werde-Worte. Sie sind selbst schöpferisch geworden aus der ihnen verliehenen geistigen Vollmacht. Diese Einsicht ist plötzlich als unmittelbare Gewißheit da, die sich gleichrangig im Empfinden und Denken ausbreitet …

Vom Schöpfergott inmitten der schaffenden Engelhierarchien wandert der Blick in das Gewölbe, wo die vier Evangelisten das Wort des Evangeliums verkünden. Auf einem Band steht jeweils der Anfang ihrer Schrift. Auch sie sind bevollmächtigt. Durch sie spricht Christus. »Am Anfang war das Wort«, verkündet der Johannes-Adler. Was im Hierarchienbild als Offenbarung des Gotteslichtes und der göttlichen Werde-Worte durch alle Stufen der Engel vor allem durch Musik zum Ausdruck kommt, hat hier eine ganz andere Gebärde. Das Wort wird zunächst den Kirchenvätern als Vertretern der Menschheit verkündigt, dann aber auch der gesamten Schöpfung in Gestalt der vier Elemente Feuer, Erde, Luft und Wasser. Das meint die gesamte schon vorhandene Schöpfung, den Kosmos mit all seinen Sternen, die Erde mit allen Steinen, Pflanzen, Tieren und Menschen. Das schöpferische Wort, das die »erste Schöpfung« bewirkte, ist nun dem göttlichen Sohn übertragen. Er wirkt als das Geistwort in der Welt.

Im Wort, im Klang und im Licht sind die Verwandlungsgeheimnisse dieser Welt enthalten. Sie sind einander unmittelbar benachbart und gehen für die Engel sogar ineinander über. Das ist eine der vielen Botschaften des Hierarchienbildes. Um den Schöpfergott spannt sich noch einmal ein Regenbogen, der auf geheimnisvolle Weise zugleich das Licht verkörpert, wie er auch als Siebenfarbenbogen seine Entsprechung in der Welt des Klanges, in der siebenstufigen Tonleiter hat. Das Wort »Regenbogenharfe« ist ein Versuch, diese gleichzeitige Welt aus Licht und Klang zu benennen.

Keiner von uns vieren spricht etwas beim Hinausgehen. Jeder hängt seinen eigenen Gedanken nach. Auf dem Friedhof denken dann wohl alle dasselbe: Kleine Amsel, wir danken dir für die Gedanken, die du in uns ausgelöst hast, und wünschen dir, daß deine Jungen durch deine Wärme wohlbehalten das Licht schauen mögen, damit sie es später durch ihren Gesang loben können.

Musizierender Engel

Himmelsbote,
Himmelsherold:
Auf jedem Marktplatz
schweigt deine Trommel.
Dein Flötenklang stirbt.
Andere Botschaft bringst du.
Aus den Kristallen der Opfersteine,
aus dem Fleisch der Opfertiere,
aus dem Atem der Weihrauchbäume
wurden Myriaden
angenommener Opfertaten,
die du verkündest.
Unter deinen Segenshänden,
unter deinem sanften Atem
erblühen Ton und Lied,
Wort und Sinn.
Selbst erlauschst du,
was aus der Ferne dir zutönt.
Ich höre die Botschaft,
Himmelsherold:
Weit weg vom Marktplatz
such die Altäre
horchenden Wortwerdens
und der tätigen Segenshände.

Menschengeist und Engelwelt

Nikolaus von Kues, der im 15. Jahrhundert wie kein anderer das Heraufkommen der Neuzeit verspürt hat und erlebend und denkend einen Zugang zur geistigen Welt suchte, sagt in seiner Schrift »De mente«: »Ich bin der Meinung, daß von den Engeln die einen ganz Einsicht sind, ... andere vernunftbegabt ... und wieder andere verstandesbegabt. Weiterhin, daß in jedem Rang wieder ebensoviele Stufen bestehen, so daß es also neun Stufen (drei Ränge zu je drei Stufen) oder Chöre gibt; ferner, daß unsere Geister unter der niedersten Stufe solcher Geister stehen und andererseits über jeder Stufe der körperlichen Natur, gewissermaßen als Verknüpfung ..., so daß er [unser Geist] das Vollkommenheits-Ende der niederen Natur und den Vollkommenheitsanfang eines höher Seienden darstellt ...« (aus E. Meffert, S.155) Der Autor erläutert diese Aussage so: »Die menschliche Seele ist Mittler zwischen der Materie und dem ›Kosmos noëtus‹ (dem Kosmos des Geistigen).«

Dies ist eine Antwort auf die auch für einen heutigen Menschen schwerwiegende Frage nach seinem persönlichen Verhältnis zur Gottheit. Als Geschöpf wird der Mensch zunächst als Dreiheit aus Körper, Seele und Menschengeist empfunden. Wenn er aber lernt, in sich den Widerschein des umfassenden Gottesgeistes zu empfinden, hat er im Menschengeist teil an der Vierheit des Schöpfers. Die einfache, sinnesdurchzogene Dreiheit reicht für die Bewältigung des alltäglichen Lebens aus, die Erfahrung der Vierheit führt dann, vielleicht nur für Augenblicke, über dieses Leben hinaus.

In jeden Menschen ragt demnach etwas hinein, was sich gegenständlich nicht mehr ausdrücken läßt. Das Wort »Geist« wird damit zu einem mehrdeutigen Wort, das immer danach befragt werden muß, ob die sinnlich faßbare oder die sinnlich nicht mehr faßbare Qualität gemeint ist. Alles, was mit der sinnlich nicht mehr faßbaren Bedeutung gemeint ist, liegt jenseits der Schwelle des materialistisch Aussagbaren. Aber es kann sich der Materie einprägen, sich in ihr widerspiegeln. Diese so schwer faßbare Qualität kann durch Musik hörbar werden. Sie ist erlebbar. Das ist die Aussage der musizierenden Engel. Sobald sie aber in Worte gefaßt wird, bleibt davon nur ein Abglanz. Diese Qualität spiegelt sich auch in jeder Pflanze, in jedem Tier. Sie läßt sich nur wahrnehmen, wenn wir zu deren Wesen vordringen – aber nicht vordergründig. Wie später Kant richtig bemerkt, ist unseren fünf Sinnen und unserem alltäglichen logischen Denken dieser Zugang verwehrt. Um bis zum Wesen vorzudringen, muß der Mensch erst Wahrnehmungsorgane für die geistige Welt ausbilden, die ihn dann befähigen, auch jenseits der Schwelle etwas wahrzunehmen.

Vielleicht hilft es uns modernen Sinnes-Menschen, daß Nikolaus von Kues als Naturwissenschaftler den diesseits der Schwelle liegenden Bereich auch schon mit »Wissen« bezeichnet. Den jenseitigen aber erschließt das »gelehrte Nichtwissen«. Erst wenn man versteht, daß dieses Nichtwissen durch reines, gegenstandsfreies Denken zum Wahrnehmungswissen werden kann, öffnet sich die Tür ein wenig, über deren Schwelle man nur übend in die geistige Welt eintreten kann.

Die Engelhierarchien sind gleichsam die verschiedenen Wirkensräume in der geistigen Welt, die wesenhaft, aber nicht räumlich zu denken ist. Neun Stufen werden von Anfang an unterschieden. Über die unteren drei und die oberen drei hat es nie Zweifel gegeben. In der Beschreibung der mittleren Triade gibt es aber einige Verwirrung über die Reihenfolge. Das ist aus der »geistigen Natur« dieses Sachverhalts verständlich. Wenn der Mensch in die untere Triade hineinreicht, sie berührt, so sind ihm beim »meditativen Aufstieg« aus seinem Menschengeist die Zugänge noch verhältnismäßig leicht möglich, erreicht er ein gewisses Maß an Erfahrungssicherheit. Die obere Triade ist seit alters her durch Erfahrungen der Propheten belegt. Sie ist für uns Anfänger auf diesem Übungsgebiet zwar schwer als Erfahrung zugänglich, aber durch glaubhafte Offenbarungen gleichsam zweifelsfrei belegt. Die mittlere Triade ist nur wenig beschrieben und bisher nur wenig Meditierenden so zugänglich geworden, daß sie beschreibbar wurde. Sie muß deshalb fast zwangsläufig diejenige sein, über die die größte Unsicherheit herrscht, was sich allein schon darin ausdrückt, daß die Kirchenväter in verschiedenen Werken die Reihenfolge dieser geistigen Wesenheiten je anders ordneten.

Die Nordwand von St.Andrae macht die etwa zeitgleiche Aussage des Nikolaus von Kues verständlich, anschaubar, übersetzt sie in ein Bild. Das unterhalb der Hierarchien befindliche Wolkenband will sagen, daß der Mensch sich von der Geiststrahlung von oben ausschließen kann, daß Wolken, die sich in ihm bilden, ihm das Licht der geistigen Welt verdunkeln können. Will er in die geistige Welt aufsteigen, muß er gleichsam aus eigenem Antrieb die verdunkelnde Wolkenschicht durchstoßen. Das Mysterium von Golgatha hilft ihm heute dabei, sagt die Darstellung: Der senkrechte Arm des Handelnden Kreuzes, als Hand ausgebildet, öffnet das Tor in die geistige Welt. Tod und Auferstehung, Stirb und Werde sind das Tor zu den Hierarchien.

Die alte Pappel

Eine Meditation mit hörenden Händen

Du schließt die Augen und fühlst plötzlich die Mittagssonne doppelt kräftig. Sie umgibt dich wie ein schöner, fremder, aber zu dir passender Königsmantel. Du stehst vor einem Baum und betastest ihn (s. S. 65). Deine Finger gleiten über die Astansätze, umfahren sie fast zärtlich und empfinden die Rinde mit ihren tiefen Riefen. Weil du es vorher mit offenen Augen gesehen hast, weißt du, es ist eine alte Schwarzpappel. Gerade stoßen die Fingerkuppen auf etwas Krustiges und tasten dem Rande nach. Ob das die goldfarbenen Flechtenkrusten sind, die wie verlorene Goldstücke auf der Rinde liegen? Sie schmiegen sich der Rinde ganz dicht an und wirken in diesem Augenblick viel erhabener, als sie es sind. Die Rinde ist mit langen, rauhen, tiefen, steilen Gräben durchzogen. Jetzt umarmst du den Baum beinahe: Die Fingerkuppen stoßen auf der Rückseite auf einen Krater mit rundem Wall. Er fühlt sich fast jugendlich an gegen die Rinde. Im Krater ertastest du Klüfte, felsartige Stellen. Aber es wird auch deutlich feuchter. Ob das ein abgebrochener und wieder zugeheilter Ast ist? Du mußt deine Neugier bezwingen und die Augen geschlossen halten. Wie von den tastenden Händen angeleitet, wird nun auch das Ohr wacher. Irgendwo oben schlägt etwas trocken aneinander. Es knistert und wispert um dich herum. Von fern registrierst du Holzhacken. Du trägst noch immer deinen warmen Königsmantel aus Sonnenwärme und meinst, du hörtest jetzt sogar den Saft in der Schwarzpappel rauschen, der die Knospen oben zum Schwellen bringt.

Dies ist zwar keine Alltagserfahrung, aber eine alltäglich mögliche. Was geschieht eigentlich in dir in diesem Augenblick?

Mit dem Schließen der Augen verdunkelst du deine gewohnte Welt, du ziehst dich ganz in dich zurück, in den Kern deiner Innenwelt. Als du vorher den Baum mit den Augen erfaßtest, stand alles Gelernte vordergründig bereit: Pappel, Rinde, Flechten, Sonnenschein – das schoß förmlich Kobolz in deinen Vorstellungen. Dabei erweiterte das Auge deine alten Vorstellungen überhaupt nicht mehr. Es schweifte in der sinnlich erfaßbaren Welt umher, verengte aber das Denken und Fühlen. Denn meistens hakst du nur Bekanntes, Gewohntes ab. Du fährst am liebsten bekannte Wege. Damit haben neue Gefühle, neue Wahrnehmungen, neue Denkweisen, neue Erfahrungen keine Chance. Unser Auge, dieses von allen so gepriesene Sinnesorgan, steht im Alltag derart im Vordergrund, daß es uns oftmals eher hindert als hilft, neue Erkenntnisse zu gewinnen. Deshalb mußtest du vorhin deine Erfahrung verfremden, völlig entleeren. Du mußtest dich gleichsam an die Stufe eines kleinen Kindes heranexperimentieren. Nichts war dir im ersten Augenblick bekannt. Die Augen waren geschlossen und kamen dir nicht mehr zu Hilfe. Das Tasten hast du in diesem Augenblick ganz neu erlebt, es hat die gewohnte Welt verfremdet, das Alltagsdenken wenigstens zurückgedrängt. Ein wenig hast du dich dem Zustand einer begriffsleeren Sinneswahrnehmung genähert, die alle sinnliche Erscheinung auf einem gleichwertigen Tableau wahrnimmt, aber noch nicht mit Vorstellungen überzieht. Mich hat diese Übung als Erkenntnisübung weiter gebracht als das Lesen vieler Bücher – aber man muß sie öfter so oder ähnlich durchführen. Wenn du solche Übungen machst, solltest du auf eine flächenhafte Wahrnehmung achten. Das gilt für das Tasten und Hören, später auch für das Sehen. Erst nach längerer Übung darfst du das Denken hineinziehen und dadurch Kontur in die Erfahrung bringen.

Dieses »reine Wahrnehmen« ist gerade für uns moderne Menschen eine notwendige und gute Übung. Es macht den »geistfreien« oder besser »geistarmen« Zustand erlebbar, an dem Grenzen erfahrbar werden. Es führt dich sicher auch wie mich immer wieder, wenigstens für Augenblicke, in den Zustand deines Kindseins. Es ist wohl auch ein Gegengewicht zur übermäßigen Intellektualisierung unserer Zeit, die kaum noch eigene Erfahrungen zuläßt, denn fast alles kommt schon unter einem bestimmten Blickwinkel auf den Menschen von heute zu. Man will Zeit sparen und Irrtümer vermeiden. Aber: der Umweg ist der kürzeste Weg. Steckt nicht vielmehr in der Erfahrung einer geistfreien,

Fühlende Hände am Stamm eines alten Baumes

Pflanzen verwandeln Totes in Leben

denkfreien, begriffsfreien Wahrnehmung das Geheimnis, wieder geistvolle, lebensvolle Begriffe bilden zu lernen, Geist zu erfahren, denken zu lernen? Mich brachte das Erfühlen der Schwarzpappel weiter, es war keine verlorene Zeit.

Die Verfremdung der gewöhnlichen Sinneswahrnehmung bildet unter dem Königsmantel der Sonnenstrahlen ganz neue »Geistorgane«. Du sollst es mir nicht glauben, du mußt es ausprobieren. Dann wirst du es erleben, wissen. Du wirst dem Sinn und dem Wesen der Dinge näher kommen. Daraus wird eine Bewußtseinsänderung entstehen, die dich sogar deinem Frieden näher bringt.

Die Gliederung der Welt

Ein Versuch

Die Beschäftigung mit dem Engelthema öffnet manches Tor zu einem neuen Verständnis von Stein, Pflanze, Tier und Mensch. Vieles tritt hinter dem Tor wie von selbst in ein neues Licht. Manche Erweiterung erhofft man dennoch vom Lesen.

Deshalb las ich in den Schriften des Nikolaus von Kues, der etwa zeitgleich mit dem Maler Thomas von Villach lebte. Der Text faszinierte mich auf der einen Seite immer wieder, und doch hatte ich sehr große Mühe mit dem Verstehen der so verschlungen dargestellten Erkenntnistheorie. Ich mußte sie Satz für Satz gleichsam buchstabieren. Sie wollte sich weder angesichts unserer Technik noch angesichts der Naturwissenschaft, noch angesichts der modernen Philosophie zu einem mir verständlichen Bilde zusammenfügen. Jedoch war mir klar, daß ich Geduld haben müßte. So fuhr ich während dieser Zeit wieder einmal nach Thörl-Maglern und saß wieder einmal vor dem großen Hierarchienbild.

Wie Schuppen fiel es mir plötzlich von den Augen: Die ganze Bildwand ist eine grandiose Illustration zur Erkenntnistheorie des Nikolaus von Kues, plötzlich ganz modern und aktuell. Man muß das gesamte Bild vom Karfreitagsgeschehen an über das Handelnde Kreuz bis in die Engelhierarchien als die gewaltige Vision aller Möglichkeiten begreifen, die die »Natur« des Menschen zuläßt. Das Menschen-Ich mit der gleichzeitigen Teilhabe an der niederen sinnlichen Natur wie an der höheren und höchsten Geistigkeit steht dabei im Mittelpunkt der Erkenntnis. Nikolaus von Kues war der erste, der davon berichtet, daß man und wie man übend den Zutritt zu den geistigen Räumen vorbereiten kann. Das ist das bahnbrechend Neue bei ihm. Das ist seine Botschaft. Aus den neun Bögen der Engelhierarchien lassen sich konkrete Hinweise über die Gliederung der Welt und des Erkenntnisweges gewinnen. Man muß nur die Bögen ihrer Wesenssphären in der Vorstellung diesseits der

Mauer in die sinnliche Welt hinein fortsetzen. Einen Augenblick lang tauchte in mir die Vorstellung einer Kastanienknospe auf, die ja auch Schicht um Schicht die Kostbarkeit eines Blütenstandes umschließt. Dann dachte ich an eine Zwiebel. Aber beide Bilder erwiesen sich nur für den ersten Anfang als eine hilfreiche Vorstellung: Tatsächlich ist die Welt in sich geschichtet wie Zwiebelschalen. Tatsächlich bilden alle Schichten zusammen nur eine einzige Welt. Tatsächlich gibt es ein Außen und ein Innen, ein »Herz der Dinge«. Aber über die unterschiedlichen Qualitäten der Schichten und ihr Zusammenwirken gab mir der Zwiebelvergleich keine Auskunft – es sei denn, ich würde die harte, erdige Außenschale als die sinnlich-materielle Außenhaut der Dinge verstehen und daraus schließen, daß nach innen hin in der Blüte das Wesen der Zwiebel immer deutlicher zum Ausdruck käme.

Trotz aller Schwächen war dieses Bild aber Anstoß genug, um in der Art des Nikolaus von Kues weiterzudenken. Er beschreibt als erstes, daß wir Menschen die Welt wahrnehmen können, ohne sie schon mit Begriffen zu überziehen. Das war die Erfahrung bei der Meditation an der alten Pappel (S. 63). Es ist nicht einfach. Manchmal gelingt es beim Aufwachen besonders leicht, manchmal beim Anschauen einer Landschaft. Nichts sondert sich dann aus dem flächigen Tableau der Wahrnehmungen heraus. Alles ist völlig gleichwertig als reine Ohren- und Augenwahrnehmung. Ich habe diesen Zustand ohne Kenntnis der Zusammenhänge früher immer sehr abschätzig als »die Landschaft mit einem Kuhblick wahrnehmen« bezeichnet. Wenn man z.B. beim Bergsteigen sehr angestrengt ist und der Wille sich völlig in dieser Anstrengung verbraucht, dann erlischt alles Interesse an der Außenwelt, an der Landschaft, an Tieren, Pflanzen, Steinen. Dann nähert man sich diesem Zustand der *Reinen Wahrnehmung*, in der weder Begriffe noch Beobachtungen ausgesondert werden. Das war die mir so schwer vorstellbare erste Schicht dieser Weltgliederung.

Im allgemeinen fügen wir den Wahrnehmungen sofort den Begriff hinzu. Unser Ich sondert aus dem gesamten flächigen Wahrnehmungstableau sofort gefühlsmäßig oder intellektuell ganz bestimmte Wahrnehmungen heraus und unterdrückt andere. Das ist eine geistige Aktivität und kennzeichnet die zweite Schicht, gleichsam die Sphäre der

Vorstellungen, Gefühle, Erinnerungen, Aspekte. In dieser Schicht, in dieser Welt vollzieht sich ein großer Teil unseres Alltagslebens. Unsere gesamte persönliche Vergangenheit mit allen Erinnerungen, Begriffen, mit allem Erlernten bemächtigt sich des Tableaus der Reinen Wahrnehmung und sondert aus, hebt hervor oder unterdrückt auch Einzelheiten. Dies ist, so erkannte Nikolaus von Kues, eine Leistung des Ich, des Geistes, wenn auch auf einer relativ niedrigen begrifflichen Ebene. Schon dies ist einem Tier nicht möglich, denn es setzt Sprache voraus. Die Vorstellungen bezeichnen auf dieser Stufe aber noch Einzelheiten. Wir würden heute sagen, sie sind komplex. Die Einzelheiten werden noch nicht zu einer strengen Ordnung verbunden. In all diesen Prozessen müssen wir schon eine Aktivität des Geistes erkennen, sagt Nikolaus von Kues.

Erst wenn die Einzelheiten sich zu einem Bild zusammenschließen, wenn Modelle, Zusammenhänge, Theorien entstehen – also Gesetze gefunden werden –, ist die dritte Schicht im Menschen wirksam, die der Cusaner, wie er oft liebevoll genannt wird, als *den Verstand* beschreibt. In dieser Schicht wird alles in Aktion gedacht, was wir heute mit rationalem Denken, mit Intellektualität bezeichnen. In diesem Wort entdeckte ich einen Grund für das anfänglich so schwierige Verständnis des Textes: Der Begriff Intelligenz wird über weite Strecken synonym mit Geist, Vernunft, ja mit Gott gebraucht. Das erschwert bis heute das Gespräch über den Geist als Phänomen. In dieser dritten Schicht, so die Botschaft dieses Weltmodells, kann man das Wirken des Geistes auf einer schon relativ hohen Stufe wahrnehmen: in den Gesetzlichkeiten der Naturwissenschaft, in allen kausalen Verknüpfungen, in allen Theorien.

Was sich in der dritten Schicht als Erkenntnis ergibt, *ist* Ergebnis des Geistes. Es bildet einen noch höheren Zusammenhang ab. Das ist die zentrale Aussage dieser Erkenntnistheorie wie auch des Bildes von Thomas von Villach. Alle Denkprozesse, alle gestalterischen Prozesse holen buchstäblich ihr Denken, ihre Bilder, ihre Einfälle, ihre Erkenntnis der Naturgesetzlichkeit aus einer noch höheren Schicht. Diese nennt der Cusaner *die Vernunft*. Unser Wesen hat Anteil an dieser Welt, die eigentlich der göttlich geistigen Welt zuzuordnen ist. Man kann das Eintreten in diese Sphäre üben; man kann auch dazu begnadet werden. In ihr gibt es wohl Wesen, aber keine sinnliche Wahrnehmung und keine

Begriffe mehr. Wenn ich diesen Bereich durch das Bild in St. Andrae illustriere, so ist mit dieser vierten Schicht das Gebiet gemeint, das sowohl diesseits wie jenseits der Mauer liegt. Die Mauer des Hierarchienbildes ist also nicht undurchdringlich; sie enthält geheimnisvolle Durchgänge, die für das reine Denken und auch für alle schöpferischen Prozesse passierbar sind.

Von dieser Schicht ab versagt die Sprache. Die Bildwahrheit leitet das weitere Verstehen. Aber es ist durchaus noch logisch, daß die Welt und der erkennende Mensch von dieser vierten Schicht aus weiter gedacht werden müssen. Der Anteil des Sinnlichen ist schon bisher mehr und mehr zurückgetreten und hat sich in der vierten Schicht weitgehend zurückgezogen. Die Engel sind – auch für Nikolaus von Kues – gleichsam die Bildzeichen für die weitere, neunfache Schichtung der geistigen Welt. Die neunfache Schichtung bedeutet, daß neun grundverschiedene Wesenheiten, Wesensbereiche erfahrbar werden können. Das ist ein langer Weg!

Das Bild an der Nordwand von St. Andrae läßt den gewaltigen Kosmos, den Nikolaus von Kues in Worten beschreibt, Bild werden und hilft dem Betrachter, den Zugang zu diesem gewaltigen Kosmos der geistigen Wesenheiten, der Engel, der Himmel, der Reiche, der Sphären und Schichten zu erleichtern. Welch ungeheuerlicher Abstand ist zwischen mir und dem Schöpfergott! Er wirkt durch die Wesenheiten aller Stufen hindurch – bis zu mir. Jeder Mensch, der vor dem Bild in Thörl-Maglern sitzt, kann seinen »inneren Menschen« übend von unten nach oben auf den Weg bringen, um die Wegweisungen für seinen Erkenntnisfortschritt zu erfahren, die dieses Bild ihm schenken kann. Wie weit er dabei kommen wird? Vielleicht wird ihm wie dem großen Nikolaus von Kues ein »Erweckungserlebnis« geschenkt, das ja auch von der Treue im Üben abhängt.

Was mir beim Lesen des Nikolaus von Kues zunächst verschlossen blieb, das öffneten mir die Bilder. Welche Bedeutsamkeit und Fähigkeit ist in jedem Menschen veranlagt! Welche Landschaften warten auf den Wanderer!

Im Steinbruch
Eine Betrachtung

Hier ist zwar der Weg zu Ende, aber nicht die Welt.
Ich wollte einem Weg in die Höhe, auf die Berge folgen. An sieben Weggabelungen, an denen kein Hinweisschild aufgestellt war, mußte ich mich entscheiden. So bin ich hierher gekommen und nun im Kessel eines großen Steinbruchs eingeschlossen. Vor mir türmt sich die riesige Wand mit vielen Schichten und Bänken. Sauber sind sie voneinander getrennt und doch nur eine einzige Steinwand. Manche Schichten sind nur so hoch wie ein Schuh, darauf folgt eine kniehohe Lage. Manchmal ziehen sich andersfarbige Streifen durch das Gestein, manche Schichten sind scharf und deutlich, manche kaum voneinander getrennt. Schicht für Schicht ist eine Periode des Werdens, des Werdens aus Totem. Das empfinde ich so und weiß es auch. Von meinem Standort aus kann ich nicht einmal erkennen, ob die Wand eine Kalk- oder Sandsteinbildung ist. Aber es überwältigt mich, wie tief diese Gesetzlichkeit des Toten, die von chemischen Prozessen und physikalischen Bedingungen gestaltet ist, in den Leib der Erde reicht. Das ist aber nicht der ganze Leib unserer Mutter Erde, das ist höchstens ein Teil ihres Knochengerüstes, den man in seiner Anatomie zwar mit scheuer Ehrfurcht wie eine Ausgrabung betrachtet, der aber ohne jede Wärme ist. Nichts an dieser Abbruchwand ist besiedelt wie im Gebirge, wo die Felswände durch die Mühe, mit der sich die Pflanzen an sie klammern, beinahe lieblich werden.

Mein Blick fällt beim Näherkommen auf den Wald, der wie ein Pelz über den Fels gezogen ist. Deutlich lassen sich die Baumarten unterscheiden: die silbrigen Buchenstämme von den spitzkegeligen Fichten, und diese wieder von ein paar säulenartigen Tannen. Wie schmal diese Schicht des Lebendigen ist, wie winzig gegenüber der gewaltigen Höhe toter Steine! Nur hier, in dieser oberen Schicht, wird Totes in Leben verwandelt. Nur hier entsteht eine neue Qualität.

Ich bleibe stehen und blicke zu Boden. Vor meinen Wanderschuhen steht ein Huflattichhorst, mitten im nackten Schotter (s. S. 66). Er beherrscht das Geheimnis der Verwandlung offenbar noch besser als die Bäume, aber er weiß nichts davon. Er kann zwar handeln, Leben entwickeln und Form, aber diese Fähigkeit ist ein Geschenk an ihn, dessen Zusammenhang er nicht deuten kann. Der Heuhüpfer, der gerade auf einem Blatt gelandet ist: Was mag er davon verstehen?

Während ich dem Heuhüpfer nachsinne, steigt in mir eine Gedankenkette auf. Ich stehe hier und sehe nicht nur. Ich lebe nicht nur und verwandele etwas in Leben. Ich erkenne und erschaffe durch mein Denken Sinn. Er weist darauf hin, daß zwischen dem toten Gestein und dem lebenden Pelz der Bäume eine Schicht der Vermittlung liegt, die Muttererde, die Haut. Sie ist im Vergleich zu den Gesteinspaketen nicht viel dicker als ein kräftiges Blatt Papier: Aber auf diesem Papier steht das erste Geheimnis der Verwandlung, wie Lebendes in Totes überführt wird und dieses wieder in Leben. Es beschreibt das Geheimnis der irdischen Auferstehung, wenn auch in einem erdgebundenen Sinn. Wie ein sinnvoller Text kommt mir dies vor. In diesem Augenblick fällt mein Blick auf die Wolken, die wie riesige Ausrisse von Schreibpapier über dem Wald schweben. Sie sind die Entsprechung zur Schicht der Muttererde, eine Schicht des höheren Sinnes, der zweiten Auferstehung. Alles unter dieser Schicht – die Steine, Pflanzen und Tiere – ist von dieser Hülle umfangen, in sie eingebettet. Da oben umspannt die Muttererde des Geistes unseren Planeten. In die Wolken ist wie mit einer Geistfeder das zweite Geheimnis der Verwandlung geschrieben.

Ich wandere mit den Augen von den Wolken über die Bäume zu den Steinen und wieder aufwärts bis in den blauen Himmel, wie auf einer Tonleiter. Kann es sein, daß sich nach oben noch weitere Schichten, Kreise, Welten, Sprossen, Wirklichkeiten anschließen, in die weitere Geheimnisse der Verwandlung eingeschrieben sind?

Die Wegerichrosette als Meditationsaufforderung

In den Südlagen der Alpen haben gerade die Krokusse ihre weißen, blau getupften Laken über die Wiesen gebreitet. Auf den Wiesen in Norditalien sind sie schon abgezogen und durch eine neue Garnitur aus Primeln, Leberblümchen und Lerchensporn ersetzt. Überall warten Überraschungen. Besonders faszinierend ist inmitten des hervordrängenden Grüns eine Rosette des Mittleren Wegerichs, eigentlich eine Allerweltspflanze. Im Sommer gibt sie sich eher bescheiden, jetzt liegt sie wie ein Fenster im grünen Wiesenfußboden. Zunächst überrascht die klare mathematische Wuchsform. Jedes Blatt verschiebt sich genau um 3/8 eines Kreises gegen seinen Nachbarn, was genau einen Winkel von 135 Grad ausmacht und dazu führt, daß kein Blatt über dem anderen steht. Dann entdeckt man, daß die Blätter, die im sonnenarmen Winter wachsen, formloser sind als die zuletzt gebildeten. Sobald man das Wachstum von der Mitte nach außen verfolgt, zeigt sich, daß sich die Blätter zu allererst ein wenig bauchen und später zunehmend kleine Zähne an den Seiten und vorn bilden. Man erkennt auch, daß die Blätter Versteifungen haben und durch viele Haare vor einer zu starken Sonne geschützt sind. Das sind gleichsam die Zeichen der sinnlichen Wahrnehmung, die als erstes registriert werden und ins Bewußtsein treten.

Aber nach einer Weile reißt die Rosette den Betrachter auf geheimnisvolle Weise in eine Denkbewegung. Sie teilt sich sofort in zwei Richtungen. Eine führt sozusagen rückwärts, von innen nach außen, und gelangt an das älteste Blatt der Rosette, wo die Blätter formlos werden. Das kennzeichnet den Herbst, den Wintereinbruch. Die Gedanken aber machen da nicht halt; sie fließen weiter in die Vergangenheit, von Jahresrhythmus zu Jahresrhythmus rückwärts. Immer kleiner und zarter und auch gefährdeter wird dieser Rhythmus, immer winziger die Rosette. Dann endet die Vorstellung plötzlich im Keimling, der keine Ro-

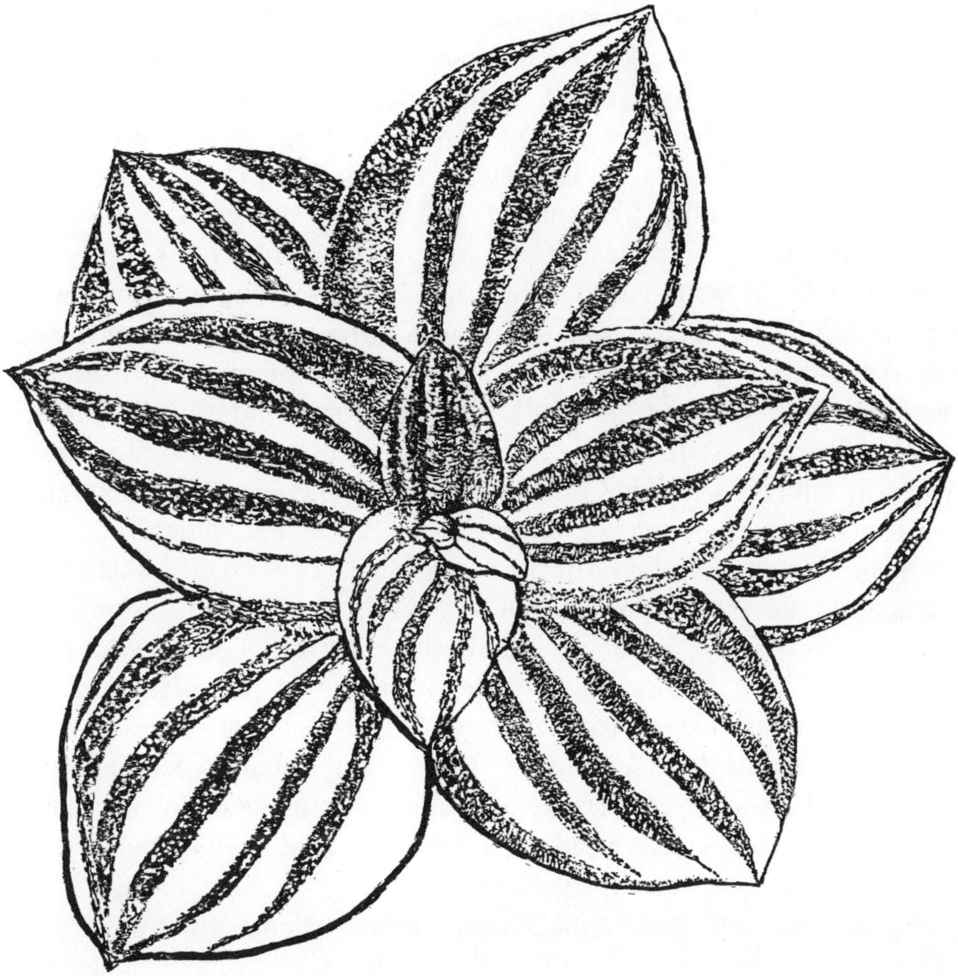

Rosette des Mittleren Wegerichs

sette mehr ist. Von dort wandern die Gedanken in den Samen, in dieses konzentrierte Gebilde, das so andersartig ist als die Rosette jetzt und doch schon den ganzen Gedanken dieser Rosette in sich barg. Der Same umschließt das Wesen der ganzen Pflanze, verbirgt es und offenbart es nur, wenn man es denkt. Es ist naheliegend, daß das Denken von da sofort auf den Menschen überspringt. In welchem Samen waren wir verborgen, ehe wir unsere Gestalt und unser Wesen entfalten konnten?

Aber in der Rosette ist nicht nur die Drehbewegung nach rückwärts enthalten, die weiterzudenken eine ausgesprochen intensive gedankliche Aktivität erfordert. Es steckt auch eine Drehbewegung nach vorwärts, nach innen darin. Diese Bewegung verschwindet im Strudel der ganz kleinen Blättchen und geht in einer verborgenen Zukunft unter. Verschwindet sie wirklich? Führt sie die Gedanken nicht von den realen Blättern über eine Schwelle, hinter der die Bewegung weiterläuft, wenn sie auch keine materielle Grundlage mehr hat? Es ist so! Das denkende Betrachten der Wegerichrosette führt über die Schwelle des Sinnlichen, ins Herz, mitten ins Wesen der Pflanze hinein. Der Gedanke wird dabei sprachlos. Er ist dennoch ganz gegenwärtig, wird intensiv erlebt und kann doch nicht ausgesprochen werden. Der Geist des betrachtenden Menschen nimmt das Wesen der Pflanze wahr. Sobald diese Erfahrung ausgesprochen wird, erstarrt sie zum Bild, ist nur noch eine Metapher; die geistige Wirklichkeit wird zum Schatten an der Höhlenwand, wie Plato es ausdrückt, zum Spiegelbild.

Warum nur führt gerade die Wegerichrosette den Betrachter auf diesen Weg? Es kann daher rühren, daß sie in ihrer Wuchsform so deutlich »reine Mathematik« enthält, daß der Schritt, den »reinen Geist« durch »reines Denken« zu erfahren, in ihr verborgen liegt. In ihrer sinnlichen Gestalt liegt eine Aufforderung zur Erfahrung der Übersinnlichkeit. Sie ist durch und durch eine meditative Pflanze, die zunächst geheimnisvoll auf ihre Ästhetik aufmerksam macht, vielleicht sogar Bilder der großen gotischen Fensterrosetten in der Seele wachruft, und dann die Gedanken vorwärts und rückwärts, rückwärts und vorwärts in Bewegung bringt.

Es bedarf keines gemalten Bildes, um das Denken über die Schwelle zu führen. Es bedarf nur einer kleinen Rosette des Mittleren Wegerichs. Auch sie eröffnet den Zugang zu den Engeln.

Die Verwandlung
Ein Märchen

Wir alle hätten sicher großes Mitleid mit ihm gehabt, denn er war viel zu klein geraten, kleiner als zwergenhaft, und mußte sich durch die Wiese wie durch einen Urwald kämpfen. Wie froh war der kleine Kerl, als er endlich auf einer Wegerichrosette ausruhen konnte. Er setzte sich zuerst auf den äußersten Rand eines Blattes, wippte wohlig mit den kleinen Beinchen und ließ sich von der Sonne bescheinen. Der Wegerich hatte rings um sich für ihn extra die Gräser niedergehalten. Nach einer Weile stand das Kerlchen auf und ging über das Blatt, das zwar weich war, ihm aber doch etwas bergig vorkam. Jetzt kam ein Abgrund. Es hopste hinüber, vertrieb dabei eine gefährlich getigerte Fliege und setzte seinen Weg fort. Eigentlich wollte es weiter nichts, als ein wenig die Welt besehen, und in der Wiese kam ihm alles viel vertrauter vor als im Wald oder zwischen den Häusern seines Dorfes. Hier stimmten wenigstens die Größenverhältnisse für es einigermaßen.

Jetzt hopste es auf das nächste Blatt, schon kurz danach auf ein weiteres. Die Sprünge wurden immer leichter, der Untergrund immer weicher. Jetzt kam es an etwas ganz anderes; es war im Zentrum der Rosette angelangt. Dem kleinen Kerl war, als wenn es dort tickte und pochte. Er legte sein Ohr an das kleinwinzige Blatt, das dort gerade entstand, und hörte es rauschen und klingen. Er hatte das Gefühl, er selbst wäre nun Pflanze und könnte wachsen. Das machte ihn glücklich. Er fühlte sich in diesem Augenblick mit seinem kleinen mißgestalteten Schicksal plötzlich ausgesöhnt, ja, er fühlte sich trotz seiner Kleinheit ganz groß. Aber es war merkwürdig. Dieses große Glück machte ihn gleichzeitig müde und wach, führte ihn in einen Schwebezustand. Er konnte nicht einmal mehr unterscheiden, was durch seine Sinne und was durch seine Phantasie ging. Wie in einen sanften Strudel wurde er hineingezogen, und erst nach einer zeitlosen Weile wurde es heller um ihn.

Er war unter die Wiese geraten. Hier stieß er auf emsiges Treiben. Kleine, ganz durchsichtige Gestalten trugen Wasser an die Wurzeln, die wie Taue und Bindfäden von der Decke hingen. Ein paar fette, geringelte Würmer fraßen wie Kühe aus einer Krippe. Winzige erdbraune Geschöpfe meißelten mit Ausdauer an kleinen Steinen. Wieder andere trugen Wurzeln, die abgestorben waren, zu großen Haufen zusammen. Ab und zu löste sich von der Decke ein silberner Tropfen und verschwand wie von Geisterhand aufgelöst im Untergrund. Plötzlich wurde es hell, heller als oben im Licht der Sonne. Alle hörten auf zu arbeiten. Ein funkelndes Licht, das wie von einem großen Edelstein ausgestrahlt wurde, kam näher, glitt durch die Erde und kam auch auf ihn zu. Alle verneigten sich. Sogar die Würmer hörten jetzt auf zu fressen. Auch er verneigte sich. Da war ihm, als ob ihn das Licht berühre. Er verharrte ganz still. Es war, als ob er in eine Nuß verschlossen würde. Er fühlte und sah und hörte eigentlich nichts mehr und empfand sich doch geborgen wie nie zuvor. Da erfaßte ihn wieder der Strudel, drehte ihn aber diesmal so heftig, daß er fast die Besinnung verlor, und brachte ihn nach oben. Das spürte er ganz genau an der Bewegung. Sehen konnte er nichts, es war dunkel um ihn.

Da hörte er es krachen. Etwas wie eine Schale zerbarst. Jetzt mußte er die Augen schließen vor dem gleißenden Licht. Alles kam ihm plötzlich merkwürdig ungewohnt vor. Er stand auf. Wie klein alles war! Er rieb sich die Augen. Unten in der Wiese erblickte er eine kleine Wegerichrosette. Er sah auf ein großes Blütenmeer. Myriaden Fliegen zickzackten darüber. Am Rande der Wiese strebten gewaltige Säulen nach oben, fast bis an die Wolken, die darüber wie Boote schwammen. Ja, alles war anders. Er war gewachsen, groß geworden, ein Mensch geworden, nicht mehr behindert.

Stunden saß er auf einem Steinhaufen und hatte Mühe, sein Glück zu fassen, bis er sich endlich entschloß fortzugehen. Aber in sein Dorf mochte er nicht zurück. Keiner würde ihn wiedererkennen, und man würde seine Geschichte nicht glauben. Darum wanderte er aus.

Ich habe diese merkwürdige Geschichte, die auch mich sehr verändert hat, von ihm selbst gehört. Er erzählte sie mir aber erst, nachdem wir schon zwei Jahre befreundet waren.

An eine Wegerichrosette

Ach, Pflanze, Rosette, Sternblüte,
wer zügelt den Aufbruch
ins Jahr?

Dein Leib, auf der Erde geborgen,
Spirale im Netz
des Lebens,

hält Zwiesprache tags und in Nächten
mit Sonne und Mond.
Versteht,

verwandelt die Sprache des Lichtes
in blühendes Wachstum,
in Rosen,

die Licht nehmen und geben
wie Kirchenfenster
überm Altar.

Erblindet tappen wir vorwärts;
ohne Türen und Fenster
die Welt.

Wir hören nur Blechvögel schreien
aus Stacheldrahtnestern
im Stahlwald

und äsen knatternd den Rasen:
Rosetten sind störend
beim Säubern.

Die Gebärde des Schutzengels

Im Fresko von St. Andrae unterscheiden sich insbesondere der unterste und der oberste Engelrang voneinander. Ist der oberste ganz entrückt und selbst eingetaucht in das Licht Gottes, so ist der unterste Anbetung, Horchen und Tätigkeit. Es ist der Rang der Angeloi, der persönlichen Schutzengel für den Menschen. Wie der oberste Rang, so tragen auch seine Repräsentanten keine Instrumente, sondern jeder Engel hält ein großes Tuch, in dem sich Menschen – Seelen befinden (s. S. 83).

Was dem Betrachter so nachhaltig in Erinnerung bleibt, ist die anbetende Gebärde und das tief gebauchte Tuch. Je länger man auf das Tuch blickt, desto mehr stellen sich wechselnde Vorstellungen ein. Ist das Tuch ein Schiff, in dem sich die Seelen geborgen fühlen können inmitten aller Gefährdungen auf dem offenen Meer? Ist das Tuch eine große Muschel, die den Menschen in ihre Schalen einschließt, wenn sein irdisches oder himmlisches Dasein gefährdet wird? Ist das Tuch ein großes Ohr, das auf die Töne lauscht, die in den oberen Rängen der Hierarchien erklingen und die der Schutzengel nun all den Menschen hörbar macht, die er »dem Tode der Materie entreißen« kann? Oder ist das Tuch ein großes, an den Enden geknotetes Windeltuch, das jeden Seelenkeim, vielleicht auch den unsterblichen Menschen als »Gotteskind« umhüllt und schützt, damit sein zartes Wesen nicht von den rauhen Lebenstatsachen vernichtet wird? Oder ist es eine geöffnete Wolke, durch die auf unsere, dem Engel gegenüber so andere Seinsart hier von der untersten Hierarchie hingewiesen wird?

Vielleicht ist von allen Vorstellungen etwas richtig. Gemeinsam ist ihnen, daß die Engel etwas schützen, bergen, nach innen nehmen. Schaut man die Gebärde der Engel an, so stellt sie hingegebenes Lauschen, Zuhören dar, so daß von allen Vermutungen, von allen aufsteigenden Vorstellungen vielleicht diejenige des Ohres, der Ohrmuschel zunächst am einleuchtendsten ist. Von ganz oben kommt zwar das Licht. Es dringt aber nur schwach durch, dennoch erleuchtet es den Schutzengel immer noch so sehr, daß sein Gewand in blendendem Weiß erstrahlt. Viel stärker aber tönt aus der Region der Cherubim offenbar das Wort herunter und wird durch die Fülle der Instrumente der anderen Hierarchien ergänzt oder verstärkt. Diesen Klang, vom Echo der gewaltigen Schutzmauer in die himmlischen Welten zurückgeworfen, gilt es aufzufangen, zu hören, zu verstehen. Der Engel, der volkstümlich auch Schutzengel heißt, fühlt sich beiden Welten gegenüber verantwortlich: der Menschenwelt, die ihm in jeder einzelnen Menschenseele anvertraut ist, und dem ungeheuren Kosmos der geistigen Hierarchien, der geistigen Wesenheiten. Er ist der Vermittler zwischen den Reichen.

Die Seelen, die über die Schwelle des Todes gegangen sind, bleiben im Reiche der Engel keine Einzelwesen, sagt das Bild in Thörl. Es sagt nicht – weil es für die damalige Zeit eine Selbstverständlichkeit war –, daß jeder Mensch seinen eigenen Engel hat, der ihn in Treue begleitet. Ihn zu finden, mit ihm das Gespräch aufzunehmen, ist vielleicht die wichtigste Aufgabe eines Menschenlebens. Ist das Gespräch unter Menschen schon eine ganz schwierige Sache – man spricht ja lieber, als daß man das Zuhören übt –, um wieviel schwerer ist es, seinem Schutzengel zuhören zu lernen. Nur völlig paradoxe Bilder lassen sich dafür finden: Man muß aus seinem Schicksal ein Ohr für den Engel machen, ja aus jedem Tag. Man muß die Hand vom Handeln zum Zuhören bringen. Man muß aus Andacht und Demut, Liebe und Fürsorge ein Tuch weben. Es wird so stark sein, daß es die ganze Welt trägt. Man muß den Mut entwickeln, sich im Schwebenden festzumachen.

Diese paradoxen Bilder betreffen den Engel, den Schutzengel, der ganz konkret mit jedem einzelnen Menschen verbunden ist. Man ist fast versucht zu sagen, daß er bis in das Materielle hineinragt: Er ist schließlich der Mauer, die uns von der geistigen Welt trennt, genauso nahe wie wir – nur bewohnt er die andere Seite.

Der Partner des Schutzengels

Ein kleiner Teil von uns
ist Stoff, aus dem die Wolken sind.
Bald hell und lieblich,
sanften Tieren gleich,
bald aufwärtsquellend,
Rauch aus ausgebrochenen Vulkanen,
bald schwarz und regenschwer,
Tuch aus Blei gewirkt,
bald fern, kristallen leuchtend,
Licht aus Himmelslicht.
So sind Wolken
immer Werdende,
ein Zwiegespräch des Alles mit dem Nichts,
Grenzgänger über einer Welt
aus Maß und Zahl.
Ein kleiner Teil von uns
ist schon
aus Stoff, aus dem die Wolken sind.

Engel als Schutzengel

Austreibender Lerchensporn

Eine Schutzengelgeschichte

Manchmal weiß man wirklich nicht, wie man eine Situation gemeistert hat. Tat man es wirklich selbst, oder wurde man geführt? Gestern wäre ich beinahe in einen solchen Alptraum geraten. – Herr K., der dies erzählt, ist zwar bald achtzig, mit seiner freundlichen Energie und Wachheit geht er aber noch gut als Siebziger durch. Nach einer Berufszeit als Vertreter für Ladeneinrichtungen, die ihn allerdings nie besonders interessierten, heißt sein Altershobby »tätige Heimatkunde«. Da gibt es in unserem Tal zum Beispiel die Kirche St. Helena, die die Türken nicht gefunden hatten, als sie St. Andrae in Thörl-Maglern zerstörten, weil sie versteckt, hoch über dem Tal liegt. Mit den byzantinisch-bäuerlichen Fresken aus dem frühen 15. Jahrhundert und dem riesigen Christophorus verdankt sie dem Bohren, Werben, Nachfragen, Aufmuntern und Handanlegen von Herrn K. ihre Restauration. Deshalb ist er noch viel mit dem Auto unterwegs, einem uralten, orangefarbenen VW-Käfer. »Ich kam von der Landstraße bei V. auf die Autobahn. Sie kennen ja die Stelle. Die Auffahrt ist dort ziemlich steil und führt wie ein Trog neben der Autobahn her. Ich sehe in den Spiegel und will eben auf die Autobahn einscheren, da sehe ich plötzlich, keine fünfzig Zentimeter neben mir, den Riesenreifen eines Lasters.« Man spürt förmlich, wie sich für Herrn K. der Schreck dieses Augenblicks wiederholt. Ich denke daran, daß Herr K. so schwerhörig ist, daß man ein Gespräch mit ihm in großer Lautstärke führen muß. »Genau im toten Winkel des Rückspiegels muß er mir entgangen sein. In solchen Situationen denkt man wahrscheinlich intensiver als sonst, ohne daß es einem bewußt wird. Jedenfalls muß etwas in mir blitzartig registriert haben, daß es die Vorderräder waren und meine einzige Chance darin bestand, entgegen meiner Angst zu handeln und noch mehr Gas zu geben und weiter zu beschleunigen. Anderthalb Sekunden später war ich auf freier Strecke.

Der gefährliche Riese hinter mir wurde im Rückspiegel kleiner. Vor dem Einschlafen durchlebe ich immer wieder bis heute diese Situation. Wer hat da eigentlich gehandelt? Habe ich lediglich schnell und richtig reagiert, oder war es mein Schutzengel, der gleichsam mit mir seinen Fuß auf dem Gaspedal hatte?« Das Gespräch versiegt in diesem Augenblick. »Ich bin dann gleich auf einen Parkplatz gefahren und habe auf die hohen Berge gesehen und so wie vorher noch nie empfunden, wie schön sie sind.« Die Situation ist mir sofort verständlich. Ich denke an ähnliche Augenblicke, die mit ihrem Ausgang aus der Rückschau fast irreal erscheinen, deren Abwendung statistisch gesehen fast unmöglich ist. Jeder wird diese Situation kennen. Aber wenige ziehen den Schluß, den Herr K. nun vorträgt. Er lacht etwas verlegen. »Ich sollte wohl erst noch das Kreuz für das Grab meiner Frau fertigmachen.« Dieses Kreuz beschäftigt ihn seit Wochen, seitdem seine Frau nach sehr langer Krankheit gestorben ist. Das Geld reicht nicht, um beim Kunstschmied das ortsübliche Eisenkreuz zu bestellen. So ließ er ein Holzkreuz machen. Die Farbe soll jedoch wie Kupfer aussehen und samt der Aufschrift lange halten. Die ganze Stube liegt gerade voll von verschiedenen Farb- und Schriftproben. In der nächsten Woche soll das Kreuz fertig sein, und Herr K. muß sich entscheiden, welche Farbe und Schrift er wählen will. »Vielleicht hat *sie* mir den Schutzengel geschickt?« Das Gespräch stockt. Jeder häkelt wohl in diesem Augenblick den durch die Finger gleitenden Faden weiter, der sein eigener Schicksalsfaden ist und auf dem von Zeit zu Zeit kleine Knötchen zu fühlen sind und darauf hinweisen, wie oft ihn ein »gütiges Geschick« vor dem Absturz ins Nichts bewahrt hat. Es hat uns auch sicher in Grenzsituationen wie dieser geschilderten geführt. Manchmal sind wir sogar abgestürzt. War auch das ein Wink des Schutzengels? Der Zufall allein kann sich jedenfalls so viele Merkwürdigkeiten gar nicht ausdenken, wie sie jedem von uns schon begegnet sind.

Wir trinken noch einen selbstgebrauten Likör aus Hartriegelfrüchten. Rot wie Rubin aus den benachbarten Bergen steht er im Glas. »Auf weitere Gesundheit.« Jeder hat ein wenig Scheu, das Schutzengelthema weiter auszubreiten. Ich verabschiede mich bald. Das Gefühl meiner Kindheit wird mit dem Älterwerden immer mehr Gewißheit: Unser Leben wird nicht nur von uns selbst gelebt und geleitet, sondern ergibt im Dienste einer höheren Konfiguration einen Sinn, dessen Logik erst jenseits des Verstandes zu erfassen ist, die man aber verstehen kann, wenn man die Augen und Ohren dafür entwickelt. Unser Schutzengel kennt diese Konfiguration ganz gewiß.

Eine Schutzengelerfahrung

Schmerzen können so unerträglich werden, daß man nicht einmal mehr den Wunsch nach Linderung, nach Schmerzmitteln oder nach dem Tode fassen kann. Die Seele ist wie aufgesogen vom Körper, man befindet sich jenseits des Wünschens. So erging es mir in der Nacht vor der Operation. Eigentlich war es Routine, ein zeitlich genau geplanter Eingriff. Aber nun hatte sich offenbar ein Stein so im Harnleiter verklemmt, daß von diesem winzigen Punkt aus der Körper in einem dumpfen Schmerzgefühl unterging. Spritzen halfen für ganz kurze Zeit, nicht weiter. Panische Unruhe packte mich, wie ich sie vorher noch nie in meinem Leben gespürt hatte. Die Zeit schlich und überdehnte sich. Ich versuchte zu zählen. Es ging nicht. Lange bevor ich bei Zehn ankam, entglitt mir die Logik. Ich versuchte, mich auf ein Gedicht zu konzentrieren, an dem ich arbeiten wollte. Keine Zeile blieb im Bewußtsein, kein Wort blieb stehen; sie rauschten wie ein Sturzbach vorüber. Vielleicht hilft es, sich Gesichter von lieben Menschen in die Vorstellung zu holen. Sie kamen, tauchten aber nur ganz kurz in der Vorstellung auf, verschwammen und versanken wieder. Alle bisherige Lebensübung erwies sich für diese Situation als unzureichend, alles Bemühen, sie zu meistern, versank in die Dumpfheit von Schmerz, Angst, Alleinsein und Absturz in ein noch namenloses Chaos. Ich glaube, daß fast jeder diesen oder einen ähnlichen Absturz schon einmal erlebt hat, dieses Aufgehängtsein im Nichts einer nicht zu begreifenden Hölle. Ich versuchte, das Vaterunser zu beten. Schon nach der zweiten oder dritten Bitte entglitt mir der Faden. Kein Anfang führte ans Ende, ja ich erschrak sogar, als ich merkte, daß ich den Text nicht mehr wußte, vergessen hatte. Das Denken, Fühlen und Wollen war wie aufgesogen oder auch weggeblasen: Beide Ausdrücke stimmen, denn mein Ich war völlig untergegangen im dumpfen Schmerz, der doch nur eine winzige

Ursache hatte. So verrann tröpfelnd Stunde um Stunde. Das Bettuch und die Bettdecke waren ein einziger zerwühlter Wäschehaufen. Die Füße wechselten von Bedecktsein zur Kühlung, die Lage rotierte im Minutenabstand: Bauch, Rücken, rechte Seite, linke Seite. Sah ich nach der Uhr, waren höchstens zehn Minuten vergangen.

So verrann die Nacht. Gegen Morgen streifte mich plötzlich etwas. Wie mit Federn war es. Ich war weder überrascht noch erschrocken, ließ die Augen zu und konnte es doch sehen. Es war dunkelbraun, ein großer, großer Fittich. Kein Wort erklang, kein Licht erschien. Aber ich fühlte mich plötzlich eingehüllt, umarmt möchte ich fast sagen, von zwei großen warmen Flügeln. Sie waren so wirklich wie die Uhr, die ich noch vor kurzem in der Hand gehabt hatte. Wie aus Daunen, dachte ich. Alles entkrampfte und entspannte sich, das Ich gewann wieder Kontur, Geborgenheit strömte in mich, wie ich sie nie zuvor erlebt hatte. Dieses Gefühl breitete sich völlig in mir aus. Kein Schmerz blieb übrig; Ruhe, fast so etwas wie Behaglichkeit war überall. Dieser Zustand, so empfand ich in diesem Augenblick, war jenseits aller persönlichen Schmerzen. Ob er kurz dauerte oder lang, weiß ich nicht, er war von einem Gefühl der Unendlichkeit, Ewigkeit begleitet, das sich jeder Beschreibung entzieht.

Mehr ist mir nicht bewußt. Ich muß danach eingeschlafen sein, denn ich erwachte am Morgen zur üblichen Krankenhauszeit zum Fiebermessen in größter Ruhe.

Wer war mir begegnet? War es ein Engel, war es *mein* Engel? Hing das alles mit meinem Schicksal in den nächsten Tagen zusammen? Es war merkwürdig. Alles Fragen war mir an diesem Morgen fremd, es schien mir nicht mehr in die Welt gehörig, denn ich hatte physische Gewißheit erlangt, daß jenseits der körperlichen Schmerzen noch eine Welt liegt, in der eine unendliche Gelassenheit und Zuneigung den Sinn und das Wesen aller Schicksale verwaltet.

Weidenengel

Im März stehen Weidenengel
in jedem Feldrain,
in jeder Schonung,
in jeder Seele
und heben den Palmzweig der Auferstehung.

Um Pfingsten entflammt die bekehrte Gemeinde.
Mit Feuerfarben
und Blütenzungen
gelobt jedes Gewächs
Gemeinschaft und Dienst für die Zukunft der Erde.

Im Sommer ruhen die Weidenengel.
Verwaist sind der Feldrain
und jede Schonung
und jede Seele.
Durch den Sommer wandert jeder allein.

Oktober. Tagebuchmonat des Jahres.
Verglühende Hoffnung,
versengte Gewänder.
Geduld! Über Winter
erneuern die Weidenengel den Palmzweig.

Das Wahrnehmen von Pflanzengebärden

Eine Vorübung zur Engelerfahrung

Draußen ist Vorfrühling. Die letzten Schneeinseln versinken im Wald in der Frühlingsbrandung. Die Zweige der Eschen und Grauerlen glänzen wie Metall. Wen würde es da nicht immer wieder in den Wald ziehen, wo es fast stündlich Neues zu sehen gibt? Millionen Geister haben ihre große Stunde und schaffen am Waldboden. Da stehen z. B. die Winterlinge. Schon unterm Schnee lauern sie auf ihren Einsatz, sprungbereit oder bereit, mit ihrer Stimme einzusetzen, noch gelbbleich vom fehlenden Licht. Kaum ist der Schnee weg, ja vielfach noch unter der schmelzenden aber lichtdurchlässigen Schneedecke, buckelt sich ihr Trieb: Die kostbare Knospe, schon durch und durch golden wie die Sonne, wendet sich noch einmal der Erde zu, als wenn sie mit ihr Zwiesprache halten wollte, als wenn sie ihr Dank sagen müßte. Das tief geschlitzte Tragblatt, das einzige des Winterlings, ebenfalls fast blütengelb, ist noch ohne Anflug von Grün und wird notwendigerweise in dieses Gespräch mit einbezogen. Dahinter liegt der Buckel, eine tiefe Verneigung des Dankes. Es braucht nur ein paar Sonnenstunden, dann öffnet sich schon ungeduldig die Blüte. Der Trieb verabschiedet sich von der Erde und wendet die Blüte in kurzer Zeit der Sonne, ihrer Sonne, ihrem Licht entgegen. Dabei kommt Ordnung auf. Der große Blattkragen ergrünt, wird waagerecht gestellt. Die Blüte ist inzwischen dottergelb eingefärbt, öffnet sich vollständig. Bienen und Fliegen erscheinen und nehmen Platz. Überall, wo im Wald Winterlinge hervorbrechen, spielt sich die gleiche Gebärde ab: Eine hängende Hand, deren sensible Finger zunächst geschont werden, richtet sich auf in das Licht, öffnet sich, um die Grüße aufzunehmen, die ihr von der Sonne zugeworfen werden, und winkt ihr still zurück.

Wie anders, wie gegenteilig vollzieht sich diese Bewegung bei Tausenden von Krokussen, die gleich daneben dem Licht zustreben. Während der Winterling große Mühe hat, nur ein einziges Herbstblatt zu durchbrechen, aber keine Schwierigkeiten mit der dicken Schneedecke, haben es die Krokusse leichter. Wo sie herauskommen, meint man auf ein Nagelbrett zu sehen. Spitz wie ein Pfriem durchbohren die Triebe alle Blattreste des Vorjahres. Kaum sind sie durch, kaum spüren sie Licht an ihren winzigen Triebspitzen, schieben sie die Knospen nach. Sie erscheinen zunächst an der Nagelspitze als kleiner weißer Punkt, vergrößern sich, werden zu einem langgestreckten Oval und überrunden dann die Blätter in ihrem Wachstum. Ab und zu erscheint auch eine tiefblaue Knospe. In diesem Zustand verharren die Krokusse oft tagelang; ja, es kann sogar ein neuer Wintereinbruch alles tief mit Schnee bedecken. Erst wenn die Sonne irgendwann in den nächsten Tagen den Boden erwärmt, kommt erneut Leben in die Ovale, die Blütenknospen. Die Kelche öffnen sich erst ein wenig zaghaft. Aber wenn sich der Waldboden unter den Strahlen der Frühlingssonne wie ein Kachelofen erwärmt, gehen die Blüten zu Sternen auf, deren Zentrum – der Kelch mit den dottergelben Staubgefäßen – von Bienen umlagert, ja durchwühlt wird. Schon eine große Wolkenbank verschließt die Kelche wieder, die dann wie längliche, aufrechte Eier auf den nächsten Wärmeschub warten, der sie minutenschnell erneut zu Sternen verwandelt.

Keine Hand öffnet sich bei den Krokussen. Wie Pfeile zielen sie anfangs nach oben, die erst durch die Knospen stumpf werden und im Öffnen zeigen: Nichts Feindliches war in ihnen verborgen; die Ungeduld ließ die Krokusse so spitz werden. Sie wollten nur die ersten sein, die die Sonne mit ihren sprühenden Lichtsternen begrüßen.

Auch der Waldboden ändert sich in diesen Tagen. Der Schnee walzte die Herbstblätter durch sein Gewicht förmlich wie dickes Papier auf dem Untergrund fest. Außer den Nägeln der Krokusse ist kaum Grün zu entdecken. Das Laub der Bäume muß allen Pflanzen sehr hinderlich sein. Nun schien heute den ganzen Tag die Sonne. Irgendwer zog große Laken aus Krokussen über den Waldboden. Aber nun tut sich was: Nach ein paar Stunden nur biegt und knüllt sich das Laub vor Trockenheit zusammen und gibt nun den vorjährigen Boden frei. Nun sieht man plötzlich kleine Rosetten, Moospolster, Farnblätter. Laub und Schnee waren im Winter eine doppelte Wärmedecke. Mit dem Schnee gibt auch das Laub den Boden wieder frei. Jetzt wird verständlich, daß der Waldboden kaum gefriert.

Während sich oben im Wald der Boden wie warmer Kuchen anfühlt, ist er zwischen den Tannen noch kalt. Hier entfaltet sich gerade der Lerchensporn (s. S. 84). Es ist der Hohle Lerchensporn. Mit einer fast unwilligen Bewegung buckelt er sich hoch. Als wenn er aus rotem Draht gebildet wäre, so sieht es aus. Dann verwandelt er sich, das Bild von der Drahtschlaufe verschwindet. Statt dessen scheint es später, als ob sich gerade ein Insekt aus der Puppe zöge. Die Puppe ist die Erde. Die Blätter sind dicht gefaltet, der Blütenstand mit seinen roten Schuppen läßt vermuten, das entstehende Insekt müsse einen Leib wie ein Fichtenzapfen haben. Dann biegt sich der ganze Stengel nach hinten, nach rückwärts, als wenn der Kraftaufwand des Herauslösens weiter wirke. Die Blütenrispe ist noch erdwärts geneigt, alle Blätter sind rot überlaufen. Nun hebt sich die Blütenrispe; die Blattansätze sind das Gelenk. Gleichzeitig spreizen sich die Blätter zur Seite, das Rot weicht einem merkwürdigen Blaugrün. Von nun an geht das Entfalten der Blätter Hand in Hand mit dem Heben der Blütenrispe. Zwei dreilappige Blattflügel öffnen sich, gelbe Farbe schießt ein. Nun wird auch das Rot der Deckblätter von Grün überlagert. Nach einem einzigen Tag ist das Blattwerk entfaltet und lichtgrün. Der Blütenstengel streckt sich, und die unterste Lerchenspornblüte wird wie mit einem Gelenk in die Waagerechte geklappt. Schon wird die Blüte einbezogen in die zahlreichen Besuche der Hummelweibchen. Dann kommt noch etwas mehr Violett in die Blüte. Für ein paar Tage ist sie nun auch eine unter Tausenden, die ihre Strophe in dem großen Sonnengesang singen.

Wie sagte Scotus Eriugena? »Der Engel entsteht im Menschen durch den Geist des Engels, der im Menschen ist …« Liebevolle und genaue Naturbeobachtungen bereiten dafür den Boden.

Brief an den Schutzengel

Mein lieber Engel!

Verzeih mir, wenn ich Dich betrübt habe! Eine ganze Woche lang habe ich Dir keine Nähe gegönnt und habe es nicht einmal so richtig bemerkt. Auch nicht gewollt! Was blieb Dir anderes übrig, als ein Stück von mir abzurücken. Ich weiß jetzt, daß man Dich auch kränken kann. Mein Verhalten will ich weder erklären noch entschuldigen: Aber in der letzten Zeit waren alle meine Gedanken so auf materielle Äußerlichkeiten gerichtet, aller Wille so auf Weiterkommen und Fertigwerden, daß meine Wahrnehmung für Dich, die bisher nur keimhaft entwickelt ist, wie überklebt war. Dabei ging es gar nicht um große Ziele. Es ging um Alltagskleinigkeiten, eigentlich Banalitäten. Drei Zimmer sollten tapeziert, gestrichen und mit Teppichboden ausgelegt werden. Es war also nichts erkennbar Böses im Spiel. Es wäre auch genug Zeit zum Innehalten gewesen. Nichts und niemand trieb mich. Aber eine merkwürdige innere Dynamik erfaßte alle Prozesse: Wenn ich es schaffe, bis zum Abend die Tapete abzulösen, könnte ich morgen die Wände spachteln und die Trockenzeit mit dem Einkaufen der Farbe überbrücken. Dann könnte ich abends noch den ersten Anstrich auftragen und übermorgen die Teppichböden einschneiden.

So schlüpfte die Seele in die Tapete, in den Spachtel, in die Farbe, in die Prozesse. Die Seele war wie aufgelöst im kräftig fließenden Willensstrom. Der transportierte alle Zielmarken in großer Geschwindigkeit davon. Sie waren nicht einmal festgemacht: Aus der Strömung mußte ich sie herausfischen und entdeckte immer neue – schon wieder ein Stück flußabwärts. Erfolgreich war ich im Fortkommen, im Fortschritt – wurde aber atemlos, denn ich folgte unaufhörlich den treibenden Zielmarken. Wer aber atemlos ist, dem vergeht nicht nur das Sprechen; er kann auch nicht mehr hören. Das Wort geht ihm insgesamt verloren. Er arbeitet fast wie eine Maschine, in die unaufhörlich neues Material nachgeschoben wird. Er paßt nur noch auf, daß er die Finger nicht einklemmt und neues Material herbeigeschafft wird. So wird der Blick immer eingeengter, richtet sich nur noch auf den Arbeitsprozeß. Kein Vogelgesang erreicht mehr das Ohr, keine Pflanze, keine Musik erreicht mehr das Herz, kein Gedanke findet die passende Umgebung, um zu keimen.

Vielleicht hast Du Dich sogar ein paarmal bemerkbar gemacht. Aber Du konntest nicht durchdringen, denn selbst der Schlaf war anders als sonst: bleiern, wie eingekapselt. So war die Verhärtung der Wahrnehmung so stark, daß Du nicht einmal in der Nacht mit mir Verbindung aufnehmen konntest.

Nun mußt Du wirklich traurig sein, denn Du gibst Dir mit mir wirklich große Mühe. Du wirbst um mich. Deshalb kannst Du mit Recht erwarten, daß ich mich wenigstens einmal am Tage Dir zuwende, ein Tor öffne, durch das Du eintreten kannst. Ich bitte Dich deshalb, mir treu zu bleiben, denn ich kann es nach zwei Wochen förmlich mit Händen greifen, wie dürr und arm mein Leben sein wird, wenn ich Dich aussperre. Ich habe es nicht gewollt und doch getan. Und da ich weiß, daß Du nachsichtig bist, laß mich in den neuen Räumen einen neuen Anfang machen; ich werde mir große Mühe geben, Dich an jedem Tag mit ein paar guten Gedanken zu nähren – und sei es auch nur, indem ich die Bäume vor meinem Fenster liebevoll ansehe oder die Wolken am Himmel. Das werden dann meine Grüße an Dich sein.

Aus einem Neubeginn grüßt Dich aus ganzem Herzen
Dein Gerd

Der ernste Engel

Verehrung und Demut
entströmen dem erdbraunen Geigenton.
Die offenen Flügel
fühlen
wie Mund
und Augen
das Licht und das Wort.

Das Licht und das Wort
erglänzen im Haar,
erglänzen im Kleid,
ertönen im Lied.

Unter jedem Bogenstrich,
aus jedem Blick
keimt Klangwachstum.

Im nachtblauen Garten der Ewigkeit
werden Rosen und Lilien
bald aufblüh'n
und einstimmen
in das Lied von der Erde.

Brief an den Schutzengel

Mein lieber Engel!

Nun sitze ich zum ersten Mal an meinem neuen Arbeitsplatz und sehe aus dem Fenster. Graue Wolken stehen am Himmel. Durch eine Hauslücke hindurch wird mein Blick direkt auf die alte Mühle geleitet mit der Straße davor, auf der die Autos wie in einem Film ohne Ton geschäftig hin- und hereilen. Der Vordergrund quillt über vor unterschiedlichen Grüntönen. Die jungen Triebe der Douglasie haben fast die Farbe von frischem Buchengrün und sind wie von einem Maler vor einen silbergrünen Apfelbaum hingetupft. Dahinter plustert sich gerade unser abgeblühter, saftgrüner Zwetschenbaum auf, daneben wird das Graugrün der Sauerkirsche noch von ihren Blütenresten betont, und das Braun der Zweige sieht aus, als wenn die Farbe noch feucht glänzen würde. Dahinter, auf dem Spielrasen der Mietshäuser hat eine große Birke schon ihren Sommerumhang umgetan und ihr Unschuldsgrün, diese lichte Frühlingshoffnung, verloren. Aber die Buche daneben trompetet geradezu ihr Goldgrün in die Landschaft. Dies, lieber Engel, sind nur die besonderen Baumgestalten. Ich beschreibe sie Dir, weil ich mich Dir zuwenden möchte und weil Du sie nicht sehen kannst. Denn nur wir Menschen haben Gehör, Geschmack, Geruch, Gesicht und können fühlen. Du darfst schon in einer höheren Welt ohne Raum, Zeit und Sinnlichkeit leben. Aber glaub es mir, es ist dies eine unglaublich schöne und reiche Welt um uns herum. Ich will Dir öfter davon berichten, z.B. von der Schwarzkiefer, die vor dem Hause links gerade die Kerzen ihrer neuen Triebe anzündet, und von den Vögeln, die mit ihren Flügeln und mit ihrem Gesang über all dies ein unsichtbares Gespinnst weben.

Ich habe große Schwierigkeiten mir vorzustellen, daß Dir ähnliche Wesen, die dies alles ja nicht sehen und hören können – jedenfalls nicht mit menschlichen Augen und Ohren –, in jedem Jahr dieses Schöpfungswunder aufs neue hervorbringen. Ich weiß es einfach, daß es so ist, und dennoch macht es mir Mühe, mir davon ein Bild zu machen. Du bist eben so ganz anders als ich, eher wie Nebel, Licht oder Luft – vielleicht manchmal wie Wasser. Daß Du in meiner Nähe bist, kann ich oftmals fühlen, mit der gleichen Gewißheit, wie ich Licht und Wärme nicht sehen kann, wohl aber ihre Wirkungen fühle. Zu Dir schaue ich auf, ich kann mit Dir sprechen, mit Dir zusammen beten oder meditieren und weiß, daß ein Teil von mir dann in der Welt ist, in der es keine sinnlichen Wahrnehmungen gibt. Sogar die Region der Erzengel ist mir ahnungsweise erreichbar. Michael z.B. ist für mich viel mehr als eine Vorstellung; er ist so etwas wie eine gegenstandslose Wahrheit, ein konkret-unsinnliches Wesen. Aber die Regionen darüber, die in der Kirche von Thörl dargestellt sind und Potestates, Prinzipatus oder Dominationes heißen, verschwimmen in einer Dämmerung des Nichtbegreifens. Von den höchsten will ich ganz schweigen. Jenseits der Region der Erzengel geht meine Erfahrung in Ahnen, in Glauben über. Ich stelle mir vor, daß Deine Wahrnehmungen um einige Stufen höher reichen als meine und dies Dir die Kraft gibt, es bei mir und mit mir auszuhalten.

Diese Mühsal ist ja auch nicht neu. Schon bei Plato kann man von den Schwierigkeiten lesen, als Mensch in die oberen Regionen der geistigen Welt aufzusteigen. Ich erinnere mich hier auch an den Text aus einem apokryphen Johannesevangelium, nach dem sogar Christus bei seiner Himmelfahrt neun Tage brauchte, bis er alle Engelreiche durchmessen hatte. Auch das ist nur ein Bild, aber es gibt, glaube ich, einen richtigen Sachverhalt wieder. Du, lieber Engel, siehst die Dinge in der geistigen Welt um so viel klarer als ich in der sinnlichen. Allein in Deiner Welt bin ich deshalb bald hilflos auf der Wanderung: Ohne Führer werden alle meine guten Bemühungen, Übungen, Versuche im Dickicht meines begrenzten Denkens gefangen bleiben. »Ich bin die Tür, ich bin der Weg«, sagt der Christus. Von ihm nimmst auch Du Deine Kraft. Du hast ihn eher gesehen als ich. Von dorther nimmt auch das Grün seine Farbe, empfangen die Blüten ihre Form, ordnet sich der Jahreslauf. Das alles geschieht aber nicht unter Umgehung der Naturgesetze, sondern mit ihnen. Sie sind selbst Ausdruck des schaffenden Geistes. Du weißt das alles schon in einer ruhigen Selbstverständlichkeit. Ich muß es erst lernen. Du lebst es schon, ich muß es erst finden. Die Leiter, die in das Reich des Geistes und der Engel führt, ist aus Nichts und Allem, aus Zeit und Zeitlosigkeit, aus Materie und Gedanken gebaut. Sie hat zugleich unendlich viele und nur eine Sprosse. Lieber Engel, es übersteigt fast mein Denken, was ich hier schreibe, aber ich weiß: Du wirst mich fühlen lassen, ob es richtig ist.

In großer Dankbarkeit grüßt Dich
Dein Gerd

Landschaft und Engel

Wir pendeln als Familie oft zwischen Norddeutschland und Kärnten hin und her. Aber selbst nach fast zwanzig Jahren und nach etwa sechzig Pendelfahrten erleben wir immer wieder eine Verwandlung, wenn wir dort angekommen sind. Wir lösen uns nicht nur vom Alltag. Wir tauchen in den Strom der Dinge ein. Alle Freunde haben dieses Phänomen bestätigt. Es ist, als wenn das Geistige in dieser Landschaft klarere Konturen hätte. Wenn man sich ein wenig beobachtet, glaubt man zu spüren, daß man dort ein anderer Mensch wird, oder besser: daß man sein eigenes Wesen intensiver wahrnimmt als im grauen Norden, wo alles anders ist, wo das Licht blasser und die Konturen der Dinge grauer, flacher werden. Selbst Staub hat in dieser Alpenregion Farbe und wirkt im Norden kalt, tot, mechanisch aufgebracht.

Wacht man in Kärnten früh am Morgen auf, taucht man sofort in die Klangwelt der Vogelstimmen ein, fühlt sich geborgen als Vogel unter Vögeln. Als ich heute morgen hier in Norddeutschland aufwachte, sangen Schwarzdrossel und Rotschwänzchen. Aber das Eintauchen wollte nicht gelingen. Ich hörte zu, wie sie den Tag begrüßten. Aber ich wurde nicht zum mitjubilierenden Vogel unter Vögeln. Es war wie ein Abziehbild der Morgenstimmung, die uns in Kärnten durchdringt. Vom Erlebnis her war es eine andere Sonne, die hier aufging. Wohl jeder hat schon solche unterschiedlichen Stimmungen wahrgenommen. Ist nun die blasse norddeutsche Industrie-Stadtstimmung die realistische oder die eingetauchte in Kärnten? Muß man hier vielleicht nur den Staub wegblasen, um das Wesen der Dinge zu finden? Oder ist der Staub in Kärnten tatsächlich ein anderer?

Vielleicht hat es tatsächlich etwas mit den Engeln zu tun. Sie haben es hier viel schwerer als dort, auf die Erde zu kommen. Der Staub, der Lärm, die Hektik, die Naturferne: Alles wirkt zusammen, um die

Engel mit der Geige

Sommer im Valentinstal

Sphären hier undurchdringlicher zu machen als dort, sie wie mit einem Panzer zu umgeben. Wie sollen die Engelwesen, die wir immer von oben kommend denken, diese Hülle durchdringen? Dort in Kärnten gehen sie auf den Sonnenstrahlen spazieren. Es ist, als ob sie in dieser Landschaft der Berge, Felsen, Gletscher, Bäche und Wasserfälle seit jeher ein verbrieftes Wohnrecht hätten, während sie hier nur durchreisende Gäste sind. Hoch oben auf dem Berg meint man, mit ihnen reden zu können. Selbst die Sonne ist hier in der Industrielandschaft bei aller Wärme anders. Einbildung? Richtig: Tief innen entsteht dieses Bild als Innenbildung, als Einbildung. Gefühlsmäßige Zuneigung? Auch richtig: Wodurch anders sollten sich Gedanken erwärmen als durch Gefühle, denen wir uns hörend zuneigen? Es ist aber eine Tatsache der intensiven Selbstbeobachtung beschrieben. Die Gedankenbildungen selbst verlaufen in Kärnten anders. Das ist mehr als nur Sympathie oder Heimatgefühl. Bisher hat es jeder bestätigt, daß sich dieses Andersartige bis in die Träume auswirkt. Fast niemand hat dort Angstträume. Man träumt Geschichten, Märchen, Fabeln – immer bunt und bilderreich, oft für ein Geschichtenbuch unmittelbar geeignet. Es ist, als wenn man dort bis in den Traum in eine freie Welt des Geistes zugelassen wäre. Man hat das Gefühl der unmittelbaren Korrespondenz mit einem, mit seinem Engel und fühlt sich sogar durch ernste Träume gestärkt und fast erheitert. Hier erwacht man durch einen Traum und kann nicht wieder einschlafen. Dort erwacht man, taucht in etwas kaum Beschreibbares, ein Zwischenreich zur sinnlichen Welt ein, ein paar Gedanken kommen, und man schläft tiefer träumend, noch besser zuhörend wieder ein.

Nimmt man diese Erfahrungen ernst, so ist es sicher kein absurder Gedanke, daß es die geistigen Wesenheiten – und dazu gehören ja die Engel – an manchen Orten sehr schwer haben, mit den Menschengeistern in Kontakt zu treten, an manchen Orten leicht. Das sind offenbar Orte mit gewaltiger oder heiterer Landschaft. An anderen Orten ist vielleicht die geistige Welt über uns gestört, verunsichert. Es bedarf dann einer besonderen Anstrengung, sie in uns selbst aufzubauen, herzustellen.

Ich habe manchmal im Gottesdienst das Gefühl, sogar die Erfahrungsgewißheit, daß die geistige Welt in der Stadt gleichsam von innen nach außen erst wieder hergestellt, wieder in Ordnung gebracht werden muß. Das ist dann ähnlich, wie wenn man in Kärnten auf einem hohen Gipfel sitzt, in die Ferne sieht und das Gefühl hat: Man kann nicht nur in die Weite sehen, auch nach oben und innen ist alles offen. Was sich hier aber als Geschenk einstellt, entsteht im Gottesdienst offenbar erst im Verein mit den anderen Menschen, aus dem dienenden Mitvollzug.

Ganz abgesehen von diesem Exkurs ist die Zugangsmöglichkeit zu den Engeln offenbar an jedem Ort der Erde eine etwas andere. Sie kann begünstigt oder gehemmt sein. Trotz dieser realen Gegebenheit bleiben die Engel frei und kommen, wo sie wollen, sogar mitten im Verkehrsgewühl.

Johannilandschaft
Eine Geschichte ohne Ende

Als die Menschen aus dem Paradies vertrieben wurden, gab es unter den Geistern einige, denen die Strafe Gottes zu hart erschien. Doch Gott hatte unerbittlich gesprochen. Aber er erlaubte ihnen, sich mit den Menschen zu verbinden und als Geister der Stille bei ihnen zu wohnen. Sie sollten die Menschen immer an das Paradies erinnern. Das ging lange, lange gut. In der Nacht, in den Wäldern, im Gebirge, am Meer und an jedem Sonntag, wenn die Arbeit ruhte, sprachen die Menschen und die Geister der Stille miteinander, so daß auch unter den Menschen immer wieder Stille eintrat. Das milderte ihre Schuld und ihre Strafe. Sie bauten sogar Orte, die sie Tempel oder Kirche nannten, wo sie mitten in ihren Dörfern zu jeder Tageszeit den Geistern der Stille nahe sein konnten.

Wie es so geht: Viele Dörfer wuchsen zu Städten heran, diese mußten durch Wege, später durch Straßen miteinander verbunden werden. Alles sollte immer schneller gehen und noch besser werden. Fortschritt nannten das die Menschen. Eine Erfindung jagte bald die andere. Lärm, Rattern, Fauchen, Zischen und Hektik erfüllte die Städte auch am Sonntag. Die Geister der Stille wurden krank von dem Lärm und kamen nur noch für Augenblicke. Als sogar in die Tempel und Kirchen Lautsprecher eingebaut wurden, wanderten sie aus. Sie zogen sich in die großen Gebirge zurück, in die Täler, die noch einsam waren. Hier trafen sie die Geister der Natur und die Erdgeister, die auch schon geflüchtet waren und ihre Wälder und Felder verlassen hatten.

Welch ein Frieden, welch ein Reich der Stille! Wie eine Glocke wölbten sie sich über das Tal. Das tosende Schmelzwasser, der hallende Donner machten die Stille nur hörbarer, aber sie störten sie nicht. Auch das Lied der Grillen oder der rauhe Ruf der Kolkraben waren nur wie ein lebendiges Muster im Mantel der Stille. Selbst der Flug der Weißlinge,

Trauermäntel und Apollofalter klang wie die zarte Saite eines Psalters in der Stille nach. Nur wenige Menschen betraten das Tal. In jedem Mai, nach der Schneeschmelze wurden die Kühe aufgetrieben; dann hallten Menschenstimmen wie Stundenschläge einer Jahreszeitenuhr von Berg zu Berg und Berg zu Tal. Aber es war allen Geistern eher wie eine liebe Erinnerung an die Zeiten in der Nähe des Paradieses. So ging es Jahr für Jahr still und friedlich zu, bis eines Tages eine riesige Maschine abgeladen wurde, die mit gewaltigem Getöse einen Weg in den Boden des Tales schnitt. Die Geister der Stille zitterten vor Angst, aber die Maschine wurde wieder abtransportiert, es kehrte wieder Stille ein, denn man schützte den Weg durch eine Schranke.

Zwei Häuser standen seit Jahrhunderten im Tal: eines am Eingang gleich an der Schranke, eines am Ende des Weges, wo ein gewaltiger Kessel das Tal verschloß. Zwei Menschen wanderten Jahr für Jahr in das Tal. Sie liebten es, jeder auf seine Weise. So kaufte jeder eines der Häuser. Der im unteren Haus erkannte schnell, daß die Schönheit und Stille des Tales ein Anziehungspunkt für die Menschen aus den lauten Städten werden könnte, und er schuf zu ihrer Bequemlichkeit alle Voraussetzungen: Ein Lift erschloß die einzigartige Bergwelt, eine gute Küche verwöhnte die Besucher, und Parkplätze wurden in die Berghänge gesprengt. Konnte so nicht jedermann aus den lauten Städten bequem die Stille und den Frieden der Berge erleben?

Der im oberen Haus konnte den unteren nicht hindern. Aber er wollte die Stille des Tales auf andere Weise erhalten. Er verbat sich Straßenbau und die ihm angetragene Liftanlage und ließ lediglich die Wasserquelle vor seinem Haus neu fassen und einfache Strohlager einrichten. Wer kochen wollte, durfte zwar den Herd benutzen, aber das Holz dazu mußte er selbst spalten. So war in diesem Hause das Erlebnis der Stille mit etwas Mühe und Geräuschen verbunden, die aber die Stille nicht störten.

Die Geister der Stille waren ratlos. Was sollten sie tun? Nächtelang hockten sie in den Höhlen der Erdgeister und beratschlagten über die Bedrohung ihrer letzten Zuflucht. Was würde aus ihnen, wenn demnächst vielleicht auch das obere Haus für jeglichen Verkehr geöffnet würde? Sollten sie einen Erdrutsch auslösen, der das untere Haus verschüttete? Was würden die Menschen dann tun?

Sie beratschlagten lange und faßten endlich einen Plan. Weil sie sich aber für die ganze Schöpfung verantwortlich fühlten und nicht nur für sich handeln wollten, trugen sie ihn zunächst den ganz großen Engeln vor, die als Schöpfergeister den Weltenschöpfer bis heute umgeben. Die nickten freundlich-ernst. Und so wagte sich in jeder Nacht eine ausgewählte, mutige Schar der Geister der Stille in das lärmende Gasthaus. Abscheu empfanden sie vor den einst so geliebten Menschen. Einmal nur legten sie jedem ihre Geisterhand auf jedes Ohr. Es schloß sich. Eine unsichtbare Haut legte sich sofort über das Ohr. Die Welt der Musik und die Welt der Klänge versank für die Menschen zu einer eintönigen Kulisse. Alle hörten die Geräusche der Welt nur noch wie durch einen Vorhang, als ob ihr inneres Ohr ertaubt wäre. Danach gingen die Geister in das obere Haus und legten jedem Schläfer die Hand auf die Augen. Er erwachte, sah sie groß an und konnte fortan auch mit den Augen hören und mit den Ohren sehen. Es war, als wenn diese Menschen ein neues Sinnesorgan erhalten hätten: Sie waren gleich hellsichtig und hellhörig geworden und konnten die Geister der Stille buchstäblich nun auch mit den Ohren sehen und mit den Augen hören.

Menschen und Geister der Stille setzten sich zusammen und erfuhren voneinander. Mehr durfte nicht geschehen, hatten die großen Engel geboten.

Seit dieser Zeit gibt es zwei Menschenströme auf der Welt: die verschlossenen und die offenen. Aber noch ist nicht entschieden, welche Gruppe den Fortgang der Menschheit bestimmen wird. Wie können die verschlossenen Ohren wieder hören lernen? Noch läuft der Lift. Noch hat das untere Haus mehr Besucher als das obere, und die meisten Menschen haben offenbar noch gar nicht bemerkt, daß ihre innere Taubstummheit tatsächlich Gehör und Stimme betrifft.

Es gibt leider noch kein tröstliches Ende. Die Geister der Stille leben weiter zwischen Verzweiflung und Hoffnung in dem kleinen Gebiet, das ihnen auf der Erde geblieben ist. Manchmal bedauert schon einer von ihnen, daß er mit den Menschen gezogen ist.

Von der Hinfälligkeit des Zeitbegriffs

Die Zeit ist die Zeit gar nicht! Was wir jetzt auf dem Mond, auf einem Planeten sehen, liegt eine Sekunde, ein paar Minuten zurück. Was wir in der Nacht am Sternenhimmel mit bloßem Auge erkennen, ist das Flimmern, das vielleicht zu unserer Geburt oder zu Christi Geburt ausgestrahlt wurde. Und die Teleskope reichen heute in Entfernungen, die man mit Millionen Lichtjahren angibt. Ihr Licht wurde auf die Reise geschickt, als sich der Mensch gerade zum Menschen entwickelte. Und vom Rande des Weltalls, wo es sich mit rasender Geschwindigkeit immer weiter ausdehnt und auch die Teleskope versagen, empfangen die Radioantennen Signale, die erzeugt wurden, als es noch nicht einmal einen festen Erdball gab. Welch ein gleichzeitiges Konzert aller Zeiten dieser Welt auf unserer Erde! Wirklich, die Zeit ist ein Phantom, die Zeit ist die Zeit gar nicht! Gleichzeitigkeit ist eine Illusion. Das Weltall mahnt uns an die zeitlose Ewigkeit.

Alles in der Natur hat diesen zeitlosen Ewigkeitscharakter. Nur wir sind wie eingesperrt in das Erleben des Tag-Nacht-Rhythmus, des Mondumlaufs und des Jahresrhythmus der Sonne, in den wir unser Tagesbewußtsein, das Jahr und unser Leben streng zeitlich geordnet haben und von dem wir in unserem Alltagsbewußtsein immer noch glauben, daß die ganze Welt in das Maß unserer Uhren eingezwängt wäre. Die Erfindung der Uhr ist wie ein zweiter Sündenfall der Menschheit; er verstellte aufs neue für lange Zeit den Baum der Erkenntnis. Mit der Uhr begann das Zeitalter der Naturwissenschaft, jener großartigen Halbwahrheit, die die Menschheit in die Zerstörung ihrer eigenen Umwelt führte, bis an den Abgrund, in dem es gleich ist, ob es die Zeit nun gibt oder nicht. Wir müssen die Illusion der Uhr zerstören!

In der gesamten Schöpfung gibt es keine reale Zeit, nirgendwo. Die Zeit ist eine Eigenschaft der Dinge. Sie entsteht jeweils mit einem Ding.

Jedes Ding hat seine Zeit; sie vergeht mit dem Ding nach dem höheren Gesetz einer ewigen Verwandlung. Die Verwandlung ist zu Ende, aufgehoben, wenn sie in keine neue Struktur mehr aufgenommen wird. Dann wird die Zeit zeitlos.

Ich selbst weiß einfach, daß ich aus dieser Welt der Zeitlosigkeit in die der Zeit übergewechselt bin. Sie ist wie ein Kleid, wie eine Fessel, wie ein Zaun – je nach der gerade wirksamen Erlebnisgrundlage. Die Zeit macht meine Befangenheit in dieser irdischen Welt aus. Sie ist der Zauberstab des Märchens, der das eigentlich Unsichtbare sichtbar macht, meinen zeitlosen Geistkern in eine reale Umlaufbahn brachte, mich in das Hemd der Lebenszeit einkleidete, das ich später wieder beim Übergang in die Ewigkeit und Zeitlosigkeit ablegen werde. Mit der Menschwerdung tritt jeder aus dieser anderen Welt der Zeitlosigkeit hervor, wirklich als Wanderer zwischen zwei Welten. Wir müssen einfach lernen, daß jede dieser Welten ihre eigenen Gesetze hat und die Erfahrungen dieser irdischen Welt in der anderen nicht gelten. Hat man erst den Gedanken dieser anderen Welt in sich entwickelt, ist es fast selbstverständlich, daß auch die andere Welt ihre Wesen hat. Jedes Menschen bester Freund muß bei seiner Geburt in der Welt der Zeitlosigkeit zurückbleiben: sein Engel, sein selbstloser Förderer. Würde die Menschheit den inzwischen naturwissenschaftlich abgesicherten Tatsachen wirklich vertrauen und sie in ihr Denken wirklich aufnehmen, würde sie allein der Umstand, daß die Zeit objektiv nicht existiert, schon auf uralte Erfahrungen unserer Geistesgeschichte zurückführen.

Es gab zu allen Zeiten und in fast allen Kulturen Menschen, die sich in der Meditation in den Zustand der Zeitfreiheit versetzen konnten. Alle diese Menschen berichten in sehr ähnlichen Bildern von Engelerfahrungen, die Kultstätten aller Religionen zeugen davon. Im christlichen Abendland ist dazu der Weg des Gebetes erübt worden.

Für diesen Anfang kann uns eine andere Erfahrung helfen. In jeder Nacht legen wir das Gewand der Zeitlichkeit ab, sterben im Schlaf gleichsam einen kleinen Tod und können zwischen Einschlafen und Aufwachen unserem Engel begegnen. Durchaus nicht immer. Denn die Welt der Zeitlosigkeit ist mit vielen Gestalten bevölkert, guten und bösen. Manchmal erfüllt uns noch zwischen Schlafen und Wachen geradezu die Gewißheit, daß wir unserem Engel begegnet sind. Unser Engel gewinnt an Existenz, wenn wir mit ihm reden, mit ihm Kontakt halten. Dann hilft er uns aus seiner »zeitlosen« Einsicht: ernst, liebevoll, manchmal heiter. Niemals geht der Engel strafend mit uns um, er ist ja doch selbst so verletzlich und verwundbar.

Von der Physik zum Engel? Nichts steht den Engeln von der Physik her im Wege, seitdem die Zeit ihren absoluten Anspruch eingebüßt hat. Übungen, sich die physikalische Zeitlosigkeit vorzustellen, sind fast identisch mit Übungen, mit seinem Engel zu kommunizieren. Wir werden im Alltag mit unserer gewöhnlichen Zeit fortleben, ähnlich dem tatsächlichen Gefühl, daß sich die Sonne um die Erde dreht. Aber wir müssen auch üben, die Zeit abzulegen, abzustreifen. Dann gehen wir unserem Engel entgegen, dann nähert er sich uns, manchmal fast bis an die Grenze der Sichtbarkeit, gewiß bis zur Erfahrung.

Eine Übung, sich die Raumzeit vorzustellen

Auf der folgenden Seite befindet sich ein Fotogramm. Die Pflanzen, von denen es stammt, standen Ende Juli in der beschützenden Senke eines Berges, in fast 2000 m Höhe. Man kann an ihnen nichts von dem entdecken, was ihre Vorfahren dort oben an Schrecklichem erlebt haben. Noch stößt man allerorten auf zerfallene Bunker, rostigen Drahtverhau – und über zwanzig Friedhöfe liegen im Umkreis von drei Kilometern. Diese Blätter sprechen nur vom schlichten Lebensgang dieser Pflanzen, einer nur auf Berghöhen vorkommenden Skabiosenart.

Als der Winter mit Eis und Schnee den Gipfel in seiner Gewalt hatte, schmiegte sich die Skabiose eng mit einer Rosette an den Boden. Sie wurde selbst ein Stern, wie die Schneekristalle. Spät erst, fast Ende Mai, nahm der Winter endgültig seine Hand vom Gipfel. In der linken Reihe erkennt man diesen Augenblick gut am vierten Blattpaar von unten. Alles, was bis dahin rundlich am Blatt ist, wird spitz und strahlig: die Zähne an der Seite und das Ende des Blattes. Was mag da im Blatt vor sich gehen? Es ist doch die gleiche Pflanze. Warum verändert sie nun ihre Form? Vom Stengel her beginnen sich die Blätter aufzulösen. Die Kraft, die sich beim vierten Blattpaar zart ankündigt, dringt bis zur Blattrippe vor, mit tiefen Einschnitten. Noch eine Stufe weiter oben hat die Differenzierungstendenz nahezu das ganze Blatt ergriffen. Ja, sogar die Blattfiedern sind noch einmal eingeschnitten. Leicht könnte ein Betrachter die Blätter, die hier hintereinander aufgereiht sind, wenigstens drei verschiedenen Pflanzen zuordnen. Dann erscheint plötzlich und wie aus einer anderen Sphäre der Blütenstand. An der rechten Reihe sieht man, daß die Blätter sich angesichts dieser Sonnenantwort noch einmal völlig verwandeln, in Spitzen zerfasern, ehe die Blüte erscheint.

Dies muß man zunächst einmal wahrnehmen. Es geht aber nicht darum, Blattmetamorphosen zu beschreiben. Es geht darum, daß hier

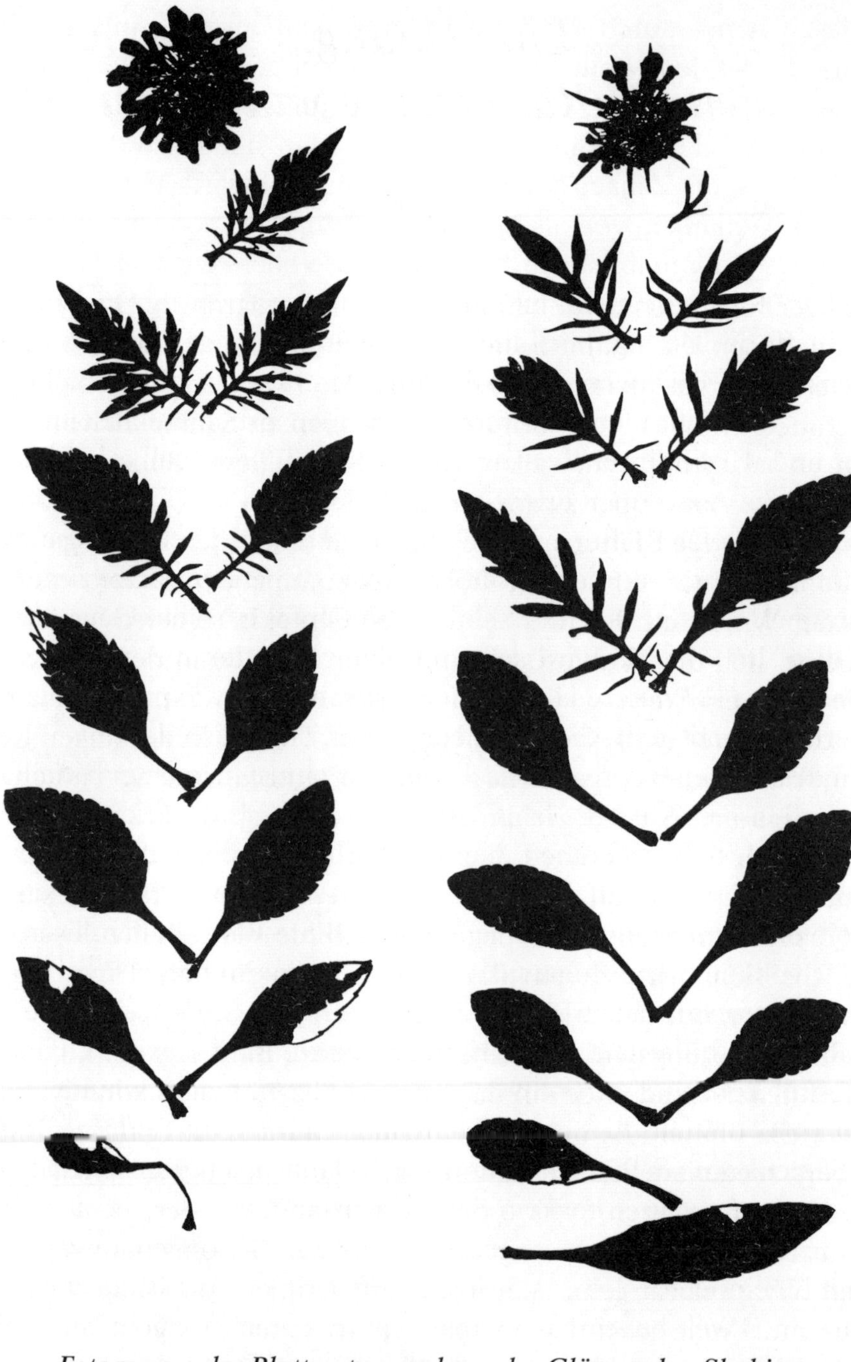

Fotogramm der Blattmetamorphose der Glänzenden Skabiose

ein Geschehen – durch das Fotogramm dokumentiert – in Raum und Zeit stattfindet. Jede Reihe ist und hat eine Zeitgestalt, verkörpert einen raumzeitlichen Vorgang. Er ist eine Wachstumsspur. Das ist einleuchtend. Aber nun kommt die Überraschung: Man stelle sich dieses raumzeitliche Ereignis zunächst vorwärts, dann rückwärts und schließlich mit *einem* Gedanken vor, also nicht hintereinander, sondern in eins, sozusagen als Raumleiblichkeit oder als Zeitleiblichkeit. Das ist schwer. Es gelingt bestimmt nicht auf Anhieb. Vielleicht benötigt mancher ein ganzes Jahr der Übung, bis ihm das annähernd gelingt, und er bleibt im Vorwärts- und Rückwärts-Denken. Was geschieht in uns? Die Zeit ist dann die Zeit nicht mehr. Sie verliert ihren Anspruch auf absolute Gültigkeit und wird in ihrer Relativität nicht nur intellektuell erkannt, sondern auch im Anschauen erlebt.

Aber cinc solche Übung ist ja erst der Anfang. Die Skabiose blüht jetzt im Juli gerade. Wunderbar blau blicken die Blütenstände zum Sommerhimmel. Geflügelte suchen sie auf. Samen werden entstehen, zu Boden fallen. Im Oktober wird der erste Schnee wieder alles zudecken. Es ist schon eine schwerere Übung, sich vorzustellen, wie nun wieder eine Winterrosette entsteht, die den gleichen Kreislauf einleitet.

Von den Samen werden im nächsten Jahr einige keimen und vielleicht sogar Fuß fassen. Mehrere Jahre wird es dauern, bis die Pflanzen so weit erstarkt sind, daß sie blühen. Nur die blühenden Triebe bilden so zerschlitzte Blätter wie auf dem Fotogramm. Wie schwer ist es, sich den Zeitleib der Skabiose vom Samen bis zur Blüte vorzustellen. Das wäre erst der vollkommene Zugang zum zeitlosen Wesen dieser Pflanze.

Der Anspruch ist hoch und auch nur im Ansatz zu verwirklichen. Es gibt aber eine hilfreiche vorbereitende Übung, indem man sich auf die Zeitgestalt konzentriert und sie immer wieder vorwärts wie rückwärts denkt, sich vorstellt. Aus einem Samenkorn wächst eine Pflanze, aus einem Samenkorn wächst ein Baum, eine Pflanze war einmal ein Samenkorn, ein Baum war einmal ein Samenkorn …

Ein Engel hat nicht unsere Sinnesorgane, er ist leibfrei. Wir müssen ihn mit hineinnehmen in unsere Welt. Dann hilft er uns sicher, wenn wir uns in seiner Welt beheimaten wollen, in der es die Zeit überhaupt nicht gibt. Das Fotogramm kann dazu zur Übung werden.

Von der Einheit in der Vielheit

Es ist leicht, den logisch begreifbaren Satz zu formulieren, in der geistigen Welt gebe es weder Zeit noch Raum noch Materie. Logisch ist auch, daß die geistige Welt nur in Raum und Zeit und Materie in Erscheinung treten kann. Das bedeutet in seiner Konsequenz z.B., daß alle Lebewesen dieser Welt, die jetzt leben und die je gelebt haben, Gestalt gewordene Gedanken von »Leben« sind. Es ist wahr, das weiß ich. Es ist auch klar und einfach formuliert. Viele werden zustimmen, aber als Aussage ist dieser Satz in seiner Tragweite schlechterdings unvorstellbar. Stell dir vor: Alle Bakterien, Einzeller, Würmer, Quallen, Fische, Insekten, Lurche, Reptilien, Vögel und Säugetiere sind das Gestalt gewordene eine »Leben«, genauso wie alle Pilze, Algen, Flechten, Farne und Blütenpflanzen. Und das gilt nicht nur für die Gegenwart; das gilt auch für die Vergangenheit, seit der Entstehung dieses Lebens. Das widerspricht überhaupt nicht der offen zutageliegenden Tatsache der Evolution. Im Gegenteil. Gerade die Evolution offenbart mir das Werdegeheimnis dieser Welt: Aber ich muß sie größer weiterdenken. Im Verlauf der Evolution haben sich auch die Engel entwickelt und sind vielfacher in Erscheinung getreten als am Anfang. Es genügt nicht, sich mit der Erforschung der materiellen Evolution zu begnügen. Diese sichtbare Evolution weist auf mehr hin als auf Steine, Pflanzen und Tiere, auf mehr als das, was wir mit Maß und Zahl erforscht haben. Dies bildet nur den Vordergrund. Den Hintergrund muß *ich* einbeziehen, die Evolution jenseits der Materie. Schöpfung kann auch nicht wie ein handwerklicher Vorgang verstanden werden. Schöpfung heißt Sichtbarwerden, In-Erscheinung-Treten, Wirksam-Werden eines geistigen Prinzips, wobei das Prinzip den Rang einer Realität hat. Etwas in Raum und Zeit hervorzurufen, nennen wir Engelwirken. In diesem Sinne ist alles in dieser Welt ihr Werk, ihr Wirken, die mit ihnen verbundene Evolution.

Jetzt verstehe ich wenigstens die Schwierigkeit besser, das anfangs bloß logisch Gedachte in wirkliche Vorstellungen vom Wesen der Dinge umzusetzen. Unseren Sinnesorganen bleibt das Wesen der Welt verschlossen. Damit hatte Kant recht. Doch läßt sich übend dieser eng begrenzte Raum erweitern. Ich stelle mir z. B. immer wieder vor, wie alle Hunderassen dieser Welt in dem einen Wesen »Hund« zusammenfließen, fasse alle Apfelsorten, die ich je gesehen und geschmeckt habe, zu dem einen »Apfel« zusammen, alle Schlangen zu der einen Schlange, alle Fische zu dem einen Fisch, alle Kohlarten zu dem einen Kohl, alle Orchideen zu der einen Orchidee. Damit erübe ich etwas rückwärts, was ich mir normalerweise nur vorwärts, als Auseinanderfaltung vorstelle. Aus der Vielheit entsteht denkend so das Bild der Einheit. Das ist ein erster Schritt auf das Wesen zu. Diese und noch viel umfassendere Schritte machen einem Engel überhaupt keine Schwierigkeiten. Sie sind die Art seiner geistigen Wahrnehmung. Die Auseinanderfaltung des jeweilig Einen ist die Evolution, das Ausdifferenzieren ist die Schöpfung. Sie ist ein Prozeß, der gleichzeitig in der geistigen wie in der materiellen Welt verläuft.

Was für die Lebenswelt gilt, gilt auch für die Steine. Es gibt so viele Ausprägungen des einen Gedankens Mineral oder Stein, wie es verschiedene je gegeben hat und noch geben wird. Das gilt auch für die Weltkörper. Es gibt so viele und wird so viele geben, wie in einer geistigen Welt Platz haben, also denkbar sind. Die Worte »unzählig« und »ewig« versuchen das zu fassen.

Die geistige Welt hat eine weitere merkwürdige Eigenschaft. In ihr fallen auch die Gegensätze zusammen. Sie ist sowohl das Nichts wie das Alles, sie ist sowohl endlich wie unendlich, in ihr sind krumm und gerade nicht mehr geschieden. Ursprünglich waren auch Gut und Böse nicht geschieden. Die Entstehung dieser Urpolarität ist vielleicht das größte Geheimnis der Evolution.

Auch die Sprachen der Völker, ihre Dichtungen, Mythen sind Gestalt gewordener Ausdruck einer einzigen Evolution. Am Anfang der Menschheitsentwicklung war das gesprochene Wort tatsächlich noch »bei Gott«. Als es zu den Menschen entlassen wurde und seine Evolution begann, fand auch diese immer auf zwei Wegen statt: der sinnlich hörbaren und der geistigen. Mit dieser Evolution vermehrten und entwickelten sich die Geistwesen, die diesem Bereich zugeordnet waren. Die geistige Schau faßt sie unter dem Namen Erzengel, »Volksgeister« zusammen.

Aber wie ist es mit den verschiedenen Religionen? Gibt es gleichzeitig die so verschiedenen Götter Indiens und Afrikas? Und wie ist es mit den noch lebenden Großreligionen, dem Hinduismus, Buddhismus, Parsismus, Islam, Christentum? Das macht wohl jedem, der an diesen Punkt kommt, ausgesprochene Denkschwierigkeiten. Ist das Christentum die allein gültige oder nur *eine* Offenbarung der geistigen Welt unter vielen anderen? Hat Lessing mit seiner Ringparabel recht? Scotus Eriugena sagt: Der Mensch wird in dem, was er denkt. Lessing würde ergänzen: Der Mensch wird so, wie er denkt und handelt. Die Taten bleiben an den Täter geheftet.

Das Rätsel der Religionen löst sich nur, wenn wir Mohammed, Zarathustra, Buddha, Mithras und Christus alle als göttliche Sendboten für bestimmte Evolutionsabschnitte der Menschheit erkennen. Diese Evolutionsabschnitte existieren heute noch genau so nebeneinander wie die Evolutionsabschnitte des Mineral-, Pflanzen- und Tierreiches. Das Auftreten der Religionen ist die Evolutionsgeschichte der Offenbarungen in der Menschheit.

Eine Schöpfungsgeschichte

Bei der Erschaffung des Kosmos hatte Gott nur wenige Engel beteiligt. Nachdem er ein wenig mit ihnen von diesem gewaltigen Werk ausgeruht hatte und nun auf Milliarden einzelner Sterne die Schöpfung weiter vollzogen werden mußte, winkte Gott, und Legionen hoher Engel eilten herbei und verneigten sich anbetend vor dem Lichte, das von der Gottheit so hell ausstrahlte, daß sie selbst gar nicht sichtbar war. Aber sie verstanden den Willen Gottes ganz von selbst, so wie uns Menschen heute plötzlich ein Wort, eine Melodie, ein Gedanke einfällt, und flogen auf den Stern, den man heute Erde nennt. Da war schon der Ozean vollendet, dem Flüsse und Bäche zueilten, und die Ränder des Ozeans waren schon von grünen Pflanzensäumen umgeben. Nur das Innere der Kontinente und alle Gebirge lagen noch steinern und felsig da.

Nachdem die Engel das Erdenrund dreimal in einem großen Tanz umkreist und so ihre Vollmacht verkündet hatten, trat ein besonders großer Engel in die Mitte und sprach: »Laßt uns nun die Tiere machen!« Sie fingen an zu arbeiten und machten es genau so, wie sie es von den größten Engeln gelernt hatten. Sie nahmen kleinere oder größere Tonklumpen, warteten einen Augenblick, bis ein Bild in ihnen aufleuchtete, formten das Tier und setzten es auf den grünen Rand um den Ozean. Dann kam der besonders große Engel, umfaßte das Tier mit seinen Gedanken und wehte ihm dabei einen Flügelschlag Luft zu. Sogleich bewegte sich das Tier: diejenigen, die Augen hatten, schlugen sie auf; die mit einem Schwanz bewegten ihn; die Tiere, die Pflanzen fraßen, begannen sogleich am Rande des Ozeans zu weiden; und die Fische und Krebse sprangen sofort ins Meer und verschwanden. Aber es fing so an:

Zuerst machten die Engel wie zur Probe ein ganz kleines Tier. Es wurde eine Maus: grau, mit spitzer Schnauze, langem Schwanz und kurzen Beinen. Als sie weggehuscht war, leuchtete in einem Engel ihr Gegenbild auf. Er brauchte gewaltig viel Ton, bis da ein riesiger Elefant stand, der nun auch vorn so etwas wie einen langen Schwanz hatte, lange dicke Beine, die sich bedächtig bewegten, und Ohren, die wie ein Scheunentor hin- und herpendelten. Auch der Elefant stapfte davon, aber beide Tiere waren so grau geraten wie die Wolken oben am Himmel. Da nahm ein Engel einen Tonklumpen, formte ihn lange – und warf ihn hoch in die Luft. Dort traf ihn der Hauch des großen Engels: Wie ein funkelndes Feuer flirrte ein rot-grün-blauer Papagei über die Brandung des Ozeans. Ja, gab es dazu überhaupt einen Gegensatz? Ein dunkelflügeliger Engel hatte ihn schnell geformt. Eine lange, graue Schlange kroch durch das Grün davon und versteckte sich sofort im angrenzenden Buschwerk. Und so ging es fort. Jedes erschaffene Tier enthielt in sich das Bild seines Gegensatzes. Aber dieser Gegensatz ging niemals rein auf. Nach der kriechenden Schlange machten die Engel den hochbeinigen Vogel Strauß, danach das schläfrige Faultier. Das inspirierte sie zu dem brüllenden Löwen; dieser brachte sie auf den Gedanken, einen Fisch zu machen, der sogleich ins Wasser sprang. Aber er war stumm. Deshalb machten sie die Zikade. Die aber sang zu eintönig; und so entstand das Rotkehlchen. So ging es fort im Gegensatz von grau und bunt, groß und klein, laut und leise, zahnlos und drohend, wild und friedlich oder auch nur rauh und glatt. Immer größer wurde die Schar der Ameisen und Krokodile, Bienen und Wölfe, Läuse und Lerchen, die aus den Händen der Engel hervorgingen.

So hatten sie lange geschaffen. Da kam dem großen Engel der Gedanke, ein Wesen zu formen, das alle Gegensätze in sich vereinigen sollte. Die anderen Engel verstanden ihn sofort, aber alle waren ratlos. Der Ton wollte ihrem Einfall nicht gehorchen. Da gingen sie vor Gottes Lichtglanzthron, und was sie dachten, verstand natürlich auch Gott sofort, ohne daß sie es aussprachen: Ein Wesen wollten sie schaffen, das zugleich laut und leise, langsam und schnell, klein und groß sein sollte. Es sollte weder die Zähne des Tigers haben noch zahnlos sein wie ein Fisch, es sollte weder die Krallen des Adlers haben noch fußlos wie die Schlange sein, es sollte alles etwas, aber nichts vollkommen können, seine Mängel sollten sein Reichtum sein.

Korbblütler im Sommergarten

Kampf der Engel mit den Dämonen

Da trat Gott aus seinem Lichtglanz hervor, nahm einen Klumpen Ton in seine göttliche Hand, formte daraus einen Menschen und blies ihm seinen eigenen Odem ein. Aber der Atem Gottes war so mächtig, so leuchtend und heiß, daß dem Menschen ein Teil seiner Haare versengt wurde. Gott winkte, da trat der große Engel hervor, und aus seinem Federkleide flogen ein paar große Flaumfedern zum Menschen hinüber. Wie ein Hemd bedeckten sie ihn, während das unversengte Haupthaar dem Menschen bis zur Hüfte wallte. Gott nickte und trat zurück in seinen Strahlenglanz. Der Mensch blickte um sich und sah die Engel. Da streifte er sein Federhemd ab und reichte es einem Engel in seiner Nähe. Der nahm es und schritt hinter dem Menschen her in das Grün der Wiesen und Wälder am Rande des Ozeans. Dort machte sich der Mensch Gewänder aus Blättern und Tierfellen, und eines Tages lernte er sogar zu spinnen und zu weben, aber der Engel mit dem Federhemd blieb sein unsichtbarer Gefährte durch das ganze Leben.

Da fühlten die Engel, daß die Schöpfung vollendet sei. Sie umkreisten wieder dreimal das Erdenrund, verkündeten dies und sangen und tanzten zum Lobe des ewigen Lichtes. So kam es, daß die Menschen anders sind als die Tiere, obgleich alle gleichzeitig erschaffen wurden.

Vom Kampfplatz der Engel

Im Freskenzyklus von St. Andrae steht unter der Darstellung der Seraphim der schon zitierte Satz: »... Deus qui est et qui erat« – »... der Gott, der ist und der sein wird«. Das läßt sich auch sinngemäß übersetzen mit: »Ich bin, der ich bin.« Was auch in der Welt geschehen mag, das Sein der Gottheit bleibt davon unberührt. Neben und unter der Gottheit leben und verherrlichen sie neun Engelchöre in neun Himmeln. Ihr Jubel, ihre Musik ist schon vielfach angesprochen worden. Aber unter den jubelnden Hierarchien steht unübersehbar das Kreuzigungsbild. Es stellt eine Tat von Menschen dar. Wie gelangt man vom Jubel der Hierarchien dahin? Wie gelangt man vom Guten zum Bösen? Ist im Freskenzyklus vielleicht etwas ausgespart?

Ich habe oft auf die jubelnden Hierarchien geschaut, bis mir eines Tages der Gedanke kam, daß diese Engel ja im menschlichen Sinne nicht frei sind. Sie müssen gut sein, das ist gleichsam ihre »Natur« und läßt keinen Zweifel zu. Dann aber fehlt offenbar in dem Fresko etwas: die Darstellung des Reiches des Bösen. Niemand hätte es damals gewagt, dieses Reich in gleicher Größe wie das des Guten darzustellen. Aber daß es von gleicher Größe ist wie das Reich des Guten: Dieser Einsicht kann sich heute niemand entziehen. Die neun Himmel der jubelnden und musizierenden Engel des Guten und Hellen haben ihre Entsprechung im Dunklen, Bösen. Das Böse als geistige Macht ist eine Tatsache, die wir akzeptieren müssen.

Dieser Zusammenhang ist auch im Freskenzyklus von St. Andrae mehrfach dargestellt, nur sind die Mächte des Bösen ungeflügelt. Vom Kreuzesstamm, der auf der Erde steht, geht auch hier eine »handelnde Hand« aus. Sie zerschlägt das Tor zur Vorhölle, aus der Christus die wartenden Seelen holt (s. S. 120). Aber das geht nicht kampflos. Teufel, Dämonen, Geister des Bösen versuchen, Christus abzuwehren. Drei

Engel, mit Schwert, Lanze und Bogen ausgerüstet, greifen in den Kampf ein. Die Geister des Guten und die des Bösen ringen miteinander. Engel und Dämonen, Engel und Teufel verkörpern das helle und das dunkle Reich.

Mit dieser Darstellung ist der Kampfplatz skizziert. Der Mensch ist nicht Tier, nicht Engel. So, wie er aus der Hand des Schöpfers hervorging, ist er weder gut noch böse. Er ist freigelassen auf der Erde. Auf dieser Erde steht der Schaft des Kreuzes. Um den Menschen ringen die Mächte des Guten und des Bösen. Aber er selbst trifft durch sein Denken und durch seine Taten die wichtigsten Entscheidungen. Jede Entscheidung führt ihn einen kleinen Schritt auf die guten oder die gefallenen Engel, die Mächte des Bösen zu. Diese Freiheit ist eine gewaltige Verantwortung. Kann sie überhaupt ein Mensch tragen, wenn alle Taten ihm nachfolgen? Hierfür weist das Bild auf die Hilfe hin, die den Menschen angeboten wird: Es sind die treuen Engel, die mit ihm im Bunde sind, und der auf dem Kampfplatz der Welt immer anwesende Christus.

Im Zeitalter der Umweltzerstörung, der Atombombe würde eine solche versteckte Darstellung sicher nicht mehr genügen. Aber daß jeder einzelne jeden Tag in das Ringen der treuen und der gefallenen Hierarchien einbezogen ist, wird unmißverständlich klar.

Das Opfer

Überall sind Fangnetze gespannt,
Stolperfäden gelegt.
Überall lauert der Hunger auf Opfer.
Überall lebt einer vom andern.
Kampf ums Dasein?
Jäger, Gejagte?
Böse und Gute?

Etliches aber fiel auf den Weg,
und die Vögel kamen
und fraßen es auf.

Ihr fröhlicher Morgengesang,
ihr Freudenlied über das Leben
ist Danklied
an das Opfer der andern.
Alles, was Odem hat, lebt vom Opfer für ihn,
aller Lebensatem lobsinget dem Herrn.

Nur ich kann es denken,
wissen,
erkennen.
Danken will ich
und loben,
indem ich hingebe
ein Stück von mir.

Pflanzengallen am Wegrand

Durch Opfer reich werden

Jedes Kind lernt heute lange schon vor der Schulzeit, daß eine Buche nicht sprechen kann und auch nichts fühlt, wenn man ihr einen Zweig abbricht. Bei einem Tier – ja, da kann man sehen, wenn es Schmerzen hat, und leidet sie in seiner eigenen Natur mit. Was befähigt uns dazu? Offenbar die in uns aufbewahrten Erfahrungen unserer ganz persönlichen Entwicklungsgeschichte. Und da uns alle Begriffe, auch die für Gefühle des Mitleids, über die Sprache vermittelt werden: Bewahren wir in uns nicht auch die Erfahrungen aus der gesamten Entwicklung unseres Sprachraumes auf? Und noch weiter gefragt in bezug auf alle Fähigkeiten, die in der menschlichen Natur liegen und die sich im Verlauf der Evolution herausgebildet haben: Bewahren wir in uns nicht auch die Erfahrungen der gesamten Menschwerdung auf? Unsere Körperlichkeit, unsere Fähigkeiten, unsere Gefühle, unsere Sprache sind wie ein fast unauslotbarer See, dessen Wassertiefe sich jedem irdischen Maß entzieht. Irgendwo in der Tiefe würden wir auch unserer »Pflanzenzeit« begegnen; irgendwie werden wir auch noch heute aus dieser Tiefe unserer »Pflanzenzeit« gespeist.

Gestern traf ich auf dem Friedhof von Thörl-Maglern auf eine Buche, deren Blätter dicht mit den spitzen Hüten der Buchengallen übersät waren (s. S. 130). Ich schnitt eine Galle auf. Sie war fest wie ein heranwachsender Same und von ganz anderer Substanz als das Blatt. Solide war das ganze, innen hohle Gebäude auf dem Blatt verankert. Ohne Zweifel hatte die Buche selbst das Gebilde hervorgebracht. Innen, am Grunde bewegte sich eine einzelne winzige weiße Made. Welcher Zauberstab veranlaßte die Buche, eine solche Wohnung hervorzubringen? Ich las zunächst in einem Buch nach:

Die farbenprächtigen Häuschen sind von der Buchengallmücke mit dem schönen Namen Mikiola fagi verursacht worden. Ein einziges

Weibchen, nicht einmal einen halben Zentimeter groß, hat kurz vor oder während des Blattaustriebs der Buche 200 bis 300 rote Eier von nur ein Drittel Millimeter Länge auf den Triebspitzen oder Blattknospen der Rotbuche abgelegt. Es fand sie mit sicherem Gefühl. Das Blattgewebe der Buche war zu diesem Zeitpunkt noch bildsam und teilungsfähig. Genau in einem Abstand von 15 bis 20 Zellen vom Ei entfernt produzierte die Buche rund um die fremde Larve einen Schutzwall, der immer höher wuchs und dessen Ränder sich dabei oben immer mehr näherten, bis sie zu einer Spitze zusammenwuchsen. Das war aber beileibe keine wilde Wucherung, sondern die Buche produzierte von innen nach außen zunächst eine Freßschicht für die Larve – also eine gefüllte Speisekammer –, dann eine besonders lufthaltige Atemschicht und um alles eine feste Außenschicht als schützende Fassade. In dieser wohlbehüteten Umwelt wuchs die Larve heran. Bis zum Herbst wird sie mit drei bis vier Millimeter Länge ausgewachsen sein. Mit dem Blattfall wird die Buche die Galle von ihrem Blattgewebe abtrennen. Ja, sie wird sogar die spätere Ausschlupföffnung vorher noch mit einem kleinen weißen Deckel verschließen. Die Gallen werden zu Boden fallen, in die Laubstreu. Ein großer Teil wird über Winter von hungrigen Meisen aufgepickt werden, ein kleiner wird sich Anfang März verpuppen und so um Anfang April ausschlüpfen. Die kleinen gelbbraunen Männchen paaren sich dann mit den rötlichen Weibchen. Der Kreislauf beginnt aufs neue (nach M. und V. Skuhravy, 1973).

Ist die Gallmücke ein Schädling der Buche? Sind die vielen Gallen in das Thema »Krankheiten der Buche« einzuordnen? So steht es in den Büchern; zunächst hatte ich dagegen keinen Einwand. Dann wurde immer wieder von einer »fremddienlichen Zweckmäßigkeit« gesprochen, die ein Merkmal dieser Bildungen sei. Die Gallmücken sind demnach ganz raffinierte Lebewesen auf dem Schlachtfeld des Kampfes ums Dasein, die es sogar fertigbringen, sich die genetischen Möglichkeiten der Buche zunutze zu machen.

Aber man kann zu diesem Wunderwerk auch ganz andere Gedanken haben. Erfährt doch die Buche mit Hilfe der Gallmücke an sich selbst Bildemöglichkeiten, die sie normalerweise nie erfahren würde. Für ihr Wesen erfährt die Buche Bereicherung gegenüber dem kleinen Opfer, das die Besiedlung für sie darstellt. Die Buche stirbt nicht durch den Befall, sie wird nicht einmal nachhaltig geschädigt. Genau betrachtet gehört die Fähigkeit, diese Gallen hervorbringen zu können, zum Wesen der Buche. Könnte sie denken, lernte sie sich selbst und ihre Fähigkeiten durch die Gallbildungen, die sie ja ganz und gar aus den in ihr seit Jahrmillionen aufbewahrten, aber oft zurückgehaltenen Bildemöglichkeiten hervorgebracht hat, besser kennen. Sie würde erfahren, daß sie viel reicher angelegt ist, als es die Artbeschreibung der Botaniker aussagt.

Vielleicht muß man den Gedanken von der Rolle des Kampfes um das Überleben einmal völlig umstülpen durch die Aussage, daß sogar Freßfeinde eine Wesenserweiterung der Art darstellen. Vielleicht macht beides zusammen erst die ganze Wahrheit aus. Die Buche kann jedenfalls mit diesem und anderen Freßfeinden leben. Sie hat – ohne es zu wissen – in sich Opferfähigkeit für anderes Leben. Auch in dieser Fähigkeit erfährt sie als Art ihren Reichtum. Irgendwo in der Tiefe bewahrt sie dabei die Erfahrungen ihrer ganzen »Buchenwerdung« auf, an denen auch ich auf geheimnisvolle Weise Anteil habe. Hinter dem Opfer der Buche für das Leben der Gallmücke ahne ich einen Sinn. Ich habe das Gefühl, daß diese Opferfähigkeit mit dem Wesen der Engel zu tun hat und unserer Fähigkeit, aus Erkenntnis und in Freiheit Opfer bringen zu können.

Eine Johannigeschichte

Wegen der vielen Heroinhändler hatte die Stadtverwaltung beschlossen, die U-Bahnstationen in der Nacht abzusperren. So waren auch vielen Stadtstreichern die Nachtquartiere genommen. Zwar war es zur Zeit draußen warm, aber Gewohnheit ist eben Gewohnheit, auch für einen Stadtstreicher. Außerdem war es nachts auf den U-Bahnstationen stiller als überall sonst.

Deshalb hatte er sich abends in die Station einschließen lassen. Als er sich zur Ruhe legen wollte, war er ganz allein. Kein Kumpel weit und breit. Stille. Nicht einmal eine der kunstlichtgewohnten Tauben flog mehr umher. Nachdem er sich hingelegt hatte und nicht einschlafen konnte, schreckte er nach kurzer Zeit auf. Er meinte, einen Ruf gehört zu haben, und beschloß plötzlich – und eigentlich ohne jeden Anlaß –, die drei Kilometer durch den Tunnel zu wandern, bis dorthin, wo die Bahn oberirdisch weiterfährt. Dort wollte er heute draußen kampieren. Er griff seine kleine braune Umhängetasche, in der sich sogar ein Stück Seife befand, rieb hinter dem Ohr ein paar Krümel zusammen und lauschte aus dem Licht der Station in das Dunkel des Schachtes: Für drei Stunden ist völlige Verkehrsruhe.

Mit einem Satz sprang er auf die Schienen, sah sich noch einmal um und ging ins Dunkel. Er folgte zuerst den Schwellen, dann hielt er sich weiter rechts und fühlte von Zeit zu Zeit mit den Füßen nach, ob auch die Schienen noch da waren. Nach einer Weile wechselte er über die rechte Schiene und tastete noch weiter nach rechts. Dort gab ihm der Beton das Gefühl von Heimat. Bald sah er Licht vor sich und erreichte die nächste Station. Sie war ganz in Gelb-Blau gehalten. Aber er sah es kaum, hielt sich nicht lange auf und verschwand wieder im Dunkel. Bald, so hoffte er, muß die Bahn an die Oberfläche gelangen. Aber statt dessen stieß er an Weichen. Er bückte sich, tastete. Drei Wege schienen

Das Opfer: Fliege als Beute der Spinne

Buchengallen

hier abzuzweigen. Das hatte er nicht gewußt. Welchen Weg sollte er wählen? Er mußte sich entscheiden und konnte es nicht. Er faßte in die Rocktasche, zündete sich eine Zigarette an. Aber weder Feuerzeug noch Zigarette halfen ihm bei seiner Entscheidung. So ging er nach rechts, in der Hoffnung, den richtigen Weg gewählt zu haben. Er meinte sich dunkel zu erinnern, daß die anderen Geleise irgendwo blind enden würden. Aber sicher war er sich dessen nicht. Der Weg kam ihm nun endlos vor. Etwas wie Angst entstand, ein merkwürdiges Gefühl der Unsicherheit. Er begann zu stolpern. In Sekunden schmolz die Sicherheit seines Stadtstreicher-Lebens. Da stieß er schon wieder an eine Weiche. Nun fluchte er die schmutzigsten Flüche, die er gehört hatte. Daß er das nicht bedacht hatte! Er fühlte sich völlig verirrt, hatte sich verlaufen. Die Schwellen kamen ihm plötzlich sehr hoch vor, die Steine kollerten hönisch vor seine Füße. Er mußte raus, ehe die erste Bahn kam. Sein Lebensstrom, aus Protest gespeist, versiegte plötzlich. Er mußte nachdenken und hatte es nicht gelernt und nie gewollt. Alle Flüche dieser Welt schossen ihm durch den Kopf. Aber sie halfen nicht gegen die aufkommende Panik. Vorwärts oder lieber wieder rückwärts? Wie konnte er nur seine gemütliche U-Bahnstation verlassen! Aber die Bahnen tauchen immer nur so kurz unter die Erde, ehe sie die Stadtmitte erreichen. Keine hat sich je verfahren.

Er hatte nun seine Hände weit vorgestreckt. Beton, dicke Kabel, ab und zu ein Schaltkasten. Wie sollte er sich vor der ersten Bahn retten? Schließlich liebte er sein freies Leben. Ob er es mit dem Feuerzeug versucht? Ob er die Zeitung, die er stets unter seinen Kopf legte, wie eine Fackel anstecken sollte, falls die erste Bahn auftaucht? Er faßte in alle Taschen, auch in seine schmuddelige Umhängetasche, stieß auf etwas Rundes, fühlte es ab. Wie ein Blitz schlug die Erinnerung ein. Er besaß eine Kerze. Natürlich. Vor einer Woche hatte er mit drei Kumpeln und viel Rotwein das Fest seiner fünfzehnjährigen Unabhängigkeit gefeiert, das Fest seines Ausstiegs aus dem bürgerlichen Leben, das ihn bis zum Ekel angewidert hatte. Zitterte ihm die Hand ein wenig, als er die Kerze mit dem Feuerzeug anzündete? Ein Lichtraum entstand. Aus dem Beton neben sich sah er Feuchtigkeit sickern. Wie in einer Tropfsteinhöhle hatten sich winzig kleine Zapfen gebildet. Er sah jetzt vor sich die Schienen. Die Angst wich. Er fühlte sich plötzlich im Licht des kleinen Kerzenstummels geborgen. Vorsichtig hielt er die linke Hand als Windschutz vor die Kerze.

Schneller als zuvor ging er weiter. Da fiel sein Blick auf ein Schild, ein weißes, amtliches Schild mit einem senkrechten Strich darauf. »Lange Straße« las er. Sofort wußte er, wo er war. Bei der nächsten Weiche konnte er schlüssig entscheiden, daß er hier nach links gehen mußte. Nach zehn Minuten stiegen die Schienen an; es wurde heller, obgleich noch Nacht war. Er war durch! Er war draußen. Er war gerettet! Fast liebevoll blies er den Kerzenstummel aus. Obgleich er es sich abgewöhnt hatte, Gefühle zu haben oder gar zu bezeichnen, überkam ihn so etwas wie Geborgenheit. Das hatte er vorher noch niemals erlebt. Immer war er auf der Flucht vor etwas gewesen, niemals hatte er etwas gesucht. Jetzt, wo er zum ersten Mal so richtig Angst gehabt hatte, fand er einen Kerzenstummel, der ihn erlöste. Er schüttelte den Kopf. Wohlig umgab ihn die Wärme der Julinacht. Er ging zum Fluß hinüber. Da zog sich der Rasen bis unters Gebüsch, da wußte er gute Schlafplätze. Sorgfältig legte er sich seine Zeitung unter den Kopf und schlief ein, wie in eine große Muschel eingehüllt.

Natürlich träumte er auch, natürlich von Schienen – aber ohne jede Angst oder Bedrohung. Die Schienen führten steil nach oben. Er saß allein auf einem blumengeschmückten Kutschwagen, frei auf dem Kutschbock. Obgleich der Wagen schnell fuhr, waren doch keine Pferde angespannt. Immer höher fuhr er hinaus, auf ein Licht zu. Als er es erkennen konnte, war es eine riesige Kerzenflamme, in die er mitten hineinfuhr.

Jäh brach der Traum ab. Ein Polizist hatte ihn geweckt und ihm ruckartig seine und die bürgerliche Alltagsbanalität ins Bewußtsein gerufen, wovon es weiter nichts zu berichten gibt.

Von der Unschuld in der Natur

Was tut sich so in der Bärenklaupflanze, die fast unauffällig an der Böschung steht? Unter ihr knistert und plätschert der Bach und spiegelt wellenförmige Trapeze auf die Steinplatten, die die Nachmittagssonne noch einmal überstrahlt. Sie gleißen zwar wie ein Werbeplakat, sind aber viel freundlicher, ohne jede brutale Aufdringlichkeit. Weit in der Ferne grummelt ein Gewitter, aber hier durchwärmt mich noch die Sonne bis ins Allerinnerste. Ich setze mich nieder und sehe in das Wellenspiel. Neben mir ragt bis in Kopfhöhe die Bärenklaupflanze auf. Sechs Dolden breitet sie wie große Schüsseln aus, drei blühende und drei abgeblühte. Eine Biene hat sich auf einer Dolde häuslich eingerichtet. Ihr langer, rhythmisch pulsierender Hinterleib ist mit weißgrauen, haarigen Ringen abgesetzt. Ein einziges Döldchen genügt ihren Bedürfnissen. Im Kreis beutet sie es aus. Es ist rührend, wie ihr braungelber Rüssel immer wieder in die offenen Nektarschüsseln tunkt, wie sie nach einer Weile wieder an dem Platz ankommt, wo sie gerade erst geerntet hat. Jetzt ist die Ernte hier wohl wirklich zu Ende; sie wechselt krabbelnd auf ein anderes Döldchen über und biegt beim ersten Festhalten auf besonders anmutige Art den Hinterleib einmal nach unten. In diesem Augenblick trifft aus dem Irgendwo eine andere Biene ein. Sie ist nicht erfolgreich, ihr Döldchen ist schon ziemlich abgeblüht. Sie erprobt es nur kurz und verschwindet wieder ins Irgendwo. Ein weiterer Zugvogel trifft ein, erprobt ein paar Blüten und verschwindet wieder, während die erste Biene bienenfleißig weiter ihrer Arbeit nachgeht und überhaupt keine Anstalten macht, den Ort zu wechseln.

Nun wandert mein Blick weiter. An der Nachbardolde muß sich eine Tragödie abgespielt haben. Eine tote Fliege hängt als schwarze, leere Hülse zwischen den Döldchen (s. S. 129). Ein einzelner silbriger Faden verrät den Meister dieser Szene. Weitere Teile des Dramas werden sichtbar. An der lange abgeblühten Nachbardolde, wo die Früchte fast schon so dick wie Zitronenkerne sind, mache ich zwei weitere Bilder der Geschichte aus: Zwei Insekten sind da regelrecht wie eine Wickelpuppe eingesponnen. Das eine ist ebenfalls eine Fliege, das andere, viel größer, war wohl eine Biene oder ein sehr ähnliches Insekt. Keine Verwesung macht sich bemerkbar. Es war ein Tod für fremdes Leben. Die Spinne ist weg, nicht auffindbar. Aber am Grunde des Döldchens, zwischen den riefigen Doldenstrahlen hängt ein Paket, aus lauter Spinnenfäden zusammengezogen, mit einem kleinen Fenster darin. Ich bin unerlaubt neugierig und ziehe das Fenster ganz sacht auseinander. Da wird plötzlich das ganze Geheimnis öffentlich. Eine grüne Krabbenspinne sitzt in der Hülle und hält unter sich einen olivgrünen Eikokon geborgen. Die Eier schimmern wie Silberkörner hindurch. Sie läßt den Kokon nicht los, während wir uns Aug in Aug betrachten. Ich schließe das Fenster wieder, gebe ihr Ruhe. Dabei streift mein Blick weiter durch das Doldendickicht. Drei weitere Opfer baumeln noch da oben.

Ist das eine Richtstätte? Soll ich die Spinne Mörder nennen? Die Gedanken überschlagen sich. Wäre sie nicht, was sollte die Erde mit all den Fliegen und Bienen anfangen? Gäbe es die Vögel nicht, die die so herrlich pflanzengrünen Krabbenspinnen schließlich doch entdecken und fressen, würde bald keine Biene mehr den Bärenklau besuchen können. Irgendwo in der Mitte zwischen den Halbwahrheiten, daß die Welt Wettkampf ums Überleben sei oder Opfer für die anderen, liegt das verborgenste Geheimnis unserer Erde. Sich opfern für anderes Leben, Unterliegen im Wettkampf ums Dasein: Wenn ich das ineins betrachten lerne, ist mir das Geheimnis des Lebendigen offenbar.

Über der toten Fliege sammelt gerade wieder eine Biene fleißig Nektar, wird vom Winde abgeschüttelt, verfängt sich in den alten Spinnenfäden. Jetzt summt sie lauter, es klingt, als sei sie ärgerlich. Nun ist sie wieder frei, das Summen hört auf, sie sammelt weiter und verschwindet nach kurzer Zeit.

Wieder schaue ich genauer hin. Auch die gerade verblühte Dolde ist unterseitig von einem dichten Gespinst zugezogen. Sollte die Krabbenspinne auch hier gejagt haben? Nein, es ist eine Schwester oder Konkurrentin, eine zweite, etwas hellere Krabbenspinne, eingewebt in wenige, lockere Fäden. Sie war weniger erfolgreich als ihre Nachbarin. Keine Beute ist zu finden – nur ein paar Grassamen, Blattreste, Birkensamen haben sich in ihrem Gespinst verfangen. Aber davon kann eine Krabbenspinne nicht leben. Sie wird nicht zum Vegetarier, wenn das Insektenangebot fehlt.

Dieser Bärenklau, der seine sechs Schirme so unauffällig aufgespannt hat und nun oben am Bach im Winde schaukelt, dieser Bärenklau enthüllt sich als Lebensbühne, auf der Alltägliches stattfindet: Wachsen, Blühen, Samen bilden, Besuch erhalten, Bühne für Tragödien sein, die sich dann aus den Hinterlassenschaften ablesen lassen. Aber er ist auch ein Opferplatz, ein winziger Opferplatz des einen Lebens für das andere.

Schmetterlinge am Wasser

Ein fester Schritt, der Kies ist plötzlich leer.
Der Bergwind fegt die Flügelgeister weg.
Im Nirgendwo ein hingetupfter Fleck,
verweht, verschwimmt, vergeht und ist nicht mehr.

Dann gehst du fort. Das blaue, weite Nichts
entläßt die Farbenflügel wieder.
Wie geistgeboren lassen sie sich nieder,
und Wasser nährt die Flamme ihres Lichts.

Jugend forscht

Thomas hätte bei dem ausgeschriebenen Wettbewerb gerne mitgemacht. Wie aber konnte er seine Interessengebiete Musik und Biologie miteinander verbinden? Fast alle Mitschüler hatten technische Themen gewählt wie »Algorithmen in Computerprogrammen«, »Recyclingprobleme von Metallsalzen« oder auch »Die Streubreite von Möhren unter verschiedenen Kultivationsbedingungen«. Der Biologielehrer, den Thomas eigentlich gerne mochte und der seine Interessen kannte, meinte, er habe einmal gehört, daß Pflanzen nach Regeln wachsen, wie sie auch in der Musik vorkämen. Mehr wisse er darüber nicht.

Der Musiklehrer konnte Thomas überhaupt nicht weiterhelfen. Das sei doch Unsinn und Spekulation. Vielleicht wisse der Physiklehrer etwas. Davon versprach sich Thomas nichts, vielleicht auch nur deshalb, weil er den Physiklehrer nicht mochte. Aber irgendwann faßte er sich doch ein Herz: »Ja«, sagte der Physiklehrer, »es gab bei den Griechen eine Lehre – von Pythagoras –, daß alles in der Natur nach Klängen, nach Harmonien geordnet sei«. Viel mehr wisse er darüber nicht. Aber wenn Thomas sich für solche Fragen interessiere, dann solle er aus der Physiksammlung das Monochord mitnehmen. Das hätte Pythagoras wahrscheinlich auch schon für seine Schüler benutzt.

So kam dieses Ding auf Thomas' Schreibtisch. Nachdem er Geige geübt hatte, sah er es sich genauer an. Über einen flachen Resonanzboden war eine einzige Saite gespannt. Darunter befand sich ein verschiebbarer Steg. Auf den Resonanzboden hatte jemand Schilder geklebt: 1/2, 2/3, 3/4 usw. Thomas war verwirrt. Was sollte hier die Bruchrechnung? Neugierig schob er den Steg auf das Schild 1/2 und zupfte erst den einen, dann den anderen Teil der Saite. Zwei fast identische Töne erklangen. Thomas verschob den Steg um nur einen Millimeter. Jetzt waren die Töne völlig gleich. Er nahm den Steg heraus und zupfte. Ja, war das nicht genau die Oktave? Tatsächlich! Halbierung der Saite bedeutet Oktavklang. Bei 2/3 erklang rein und präzise die Quinte, wie auf den Geigensaiten beim Stimmen. Bei 3/4 erklang die Quart. Thomas fand das aufregend. Der Physiklehrer konnte am anderen Tag seine Begeisterung kaum verstehen. »Alle Intervalle sind ganzzahlige Brüche, auch die Obertöne. Das ist so.«

Das ist so! Thomas hockte vor seinem Schreibtisch. Das ist so? Das ist eben so! Im Grunde war das Thema damit erledigt. Thomas stand vor einer Wand, buchstäblich. Wie durch Zufall fiel sein Blick auf seinen Philodendron, den er über die Zimmerwand klettern ließ. Links, rechts, links, rechts, wie im Gleichschritt marschierten die Blätter über die Tapete. Links, rechts … halt! Thomas durchzuckte ein Gedanke. Die Blätter bewegen sich eigentlich gar nicht auf der Fläche, sondern im Raum. Sie umkreisen den Stengel. Zwei Blätter muß die Pflanze für eine Umrundung bilden. Eine Umrundung, zwei Blätter: War das nicht genau das Verhältnis von 1:2 oder 1/2, der Oktave? Thomas' Gedanken schossen davon. Ist solch ein Vergleich überhaupt erlaubt? Natürlich ist das erlaubt! Wir messen ja auch die Länge der Quecksilbersäule und sprechen von Temperatur. Oder wir messen den Stromdurchfluß durch Wasser in Ampère und sagen, wir haben den Säurewert des Wassers gemessen. Thomas lief nach draußen. Er suchte weitere »Oktavpflanzen«. Da standen sie zuhauf: Hasel, Liguster, Rotbuche, Hainbuche …

Am anderen Tag vergewisserte er sich beim Physiklehrer. Ja, die Aussage sei erlaubt, daß diese Pflanzen »in Oktaven« wüchsen. Das sei lediglich Transposition, in der messenden Physik ein Alltagsgeschäft. Er machte Thomas den Vorschlag, doch noch weitere Klangproportionen zu suchen.

Jetzt hatte Thomas das Prinzip ergriffen. Es war aber zum Verzweifeln, wie oft ganz merkwürdige Zahlenverhältnisse auftauchten. Die Fuchsien auf dem Balkon z.B. bildeten 6 Blätter auf eine Stengelumkreisung. Ihr »Klang« ist also 1/6 der Saite. Der Ahorn, die Kastanie, der Hartriegel zeigten das Verhältnis 1/4. Die Erle fiel mit 1/3 völlig aus dem Rahmen. Die meisten Arten wie Rose, Apfel, Goldregen, Eiche und sehr viele Kräuter brauchten 5 Blätter auf zwei Stengelumrundungen, bis das sechste dann genau wieder über dem ersten stand. Schließlich

Schmetterlinge an der Wasserstelle

Engel mit der Mandola

fand Thomas sogar einige, die für 8 Blätter genau drei volle Kreise brauchten, bis das neunte wieder genau über dem ersten stand. Thomas flitzte nur so nach Hause. Auf dem Tisch stand das Monochord. Als Geigenspieler hat er ein gutes Gehör. Jetzt mußte es sich zeigen. Er schob den Steg auf 1/6 der Saitenlänge, nachdem er sich den Grundton eingeprägt hatte. Was er hörte, klang harmonisch, überstieg aber sein Hörvermögen. Darum stimmte er das Monochord auf C. Dann ging er an das Klavier und probierte. Es erklang das G oberhalb der zweiten Oktave, also: Oktave und Oktave und darüber die Quinte. Jetzt die anderen. 1/3 ergab die Quinte oberhalb der ersten Oktave. 1/4 ergab zwei reine Oktaven. 2/5 konnte er sofort einordnen: Das war die Terz oberhalb der ersten Oktave. 3/8 schließlich war die Quart über der ersten Oktave.

Thomas war verwirrt. Dann gab es ja neben den hörbaren Tönen eine ganze Welt des Klanges im übertragenen Sinne. Sein Musiklehrer hielt die Tatsachen genauso wie der Biologielehrer für eine unsinnige Spekulation. Nur der Physiklehrer unterstützte ihn. Thomas sammelte immer mehr Daten und fand nicht eine Pflanze, deren Blattwachstum er nicht durch einen Klang ausdrücken konnte. Bei dem Wettbewerb »Jugend forscht« beteiligte er sich mit dem Thema: »Das in Klänge verwandelte Pflanzenwachstum«. Er stieß auf großes Interesse. Aber einen Preis erhielt er nicht. Seine Arbeit habe zu wenig Bezug zur technischen Wirklichkeit und lasse sich auch keinem Fachgebiet zuordnen, hieß es.

Thomas hatte es eigentlich nicht anders erwartet. Er weiß nach der Ausstellung aber ganz genau, daß diese Arbeit ihn auf einen Erkenntnisweg gewiesen hat, den er zwar erst undeutlich vor sich sieht, von dem er aber die Gewißheit besitzt, daß er ihn sein ganzes Leben lang weiterverfolgen wird.

Ein notwendiger Exkurs in die Musikgeschichte

Wir vernehmen es in der Weihnachtsgeschichte und können es auch besonders in der Weihnachtszeit eines jeden Jahres aufs neue empfinden: Der Lobgesang der Engel, die himmlische Liturgie, tönt bis in unsere Erdenwelt hinein. Diese spezifische Weihnachtsempfindung kann im Gottesdienst das ganze Jahr über erhalten bleiben. Gregor der Große, der von 590 bis 604 Papst war und im wesentlichen die Form der liturgischen Meßhandlung für viele Jahrhunderte gestaltet hat, sagt: »Denn wer von den Gläubigen möchte daran zweifeln, daß gerade in der Stunde des Opfers ... die Himmel sich öffnen und ... die Chöre der Engel zugegen sind? Oben und unten verbinden sich, Himmel und Erde, Sichtbares und Unsichtbares werden eins.« (nach Hammerstein, 1962)

So wurde das Singen der irdischen Liturgie ursprünglich als das Einstimmen in die Liturgie der Engel empfunden. Wie gelangte nun gerade die Musik dabei in die bevorzugte Rolle? Um eine historische Antwort zu finden, muß man zunächst wissen, daß sich von der Blütezeit der griechischen Philosophie bis in das späte Mittelalter die Musikerfahrung aus zwei Quellen speist: Sie ist zum ersten die Erfahrung von Zahlenverhältnissen in den Intervallen und als solche Abbild der harmonikalen Ordnung der ganzen Welt, der Sphären. Verkürzt man z.B. eine Saite auf 2/3 ihrer Länge, so erklingt die Quinte der Gesamtsaite. Diese und weitere Zahlenverhältnisse suchte und fand man überall in der Natur, bis hinein in die »Harmonie« der Planetenbahnen. Sie ist tatsächlich existent. Diese Proportionen wurden »Musik« und »Klang« genannt und in der Musiktheorie gelehrt. Die zweite Erfahrungsquelle erst war die Musikpraxis. Sie war Lobgesang, Jubilus, Alleluja, Gloria, Sanctus der Menschen im Rahmen der irdischen Liturgie. Es gab also im Grunde genommen zwei Arten von Musik: die Musica mundana und die Musica humana. Beide Arten wurden erlebt; aber sie standen doch für die einfachen Gläubigen unverbunden nebeneinander. Die Musica mundana, die Musik der Schöpfung, gebar gleichsam die Musik der Engel, die Himmelsliturgie. Das Gloria der Engel wurde auch auf der Erde erlebt und empfunden und wanderte als Abbild dieses Engellobes in die irdische Liturgie. Das geschah schon sehr früh, weil es jedem Gläubigen zu vermitteln war. Das Wort vom Ambrosianischen Gesang fällt einem sofort ein (Ambrosius, um 400 n.Chr.). Die Empfindung für die »musikalische Ordnung der Welt« schwächte sich im Verlauf der Jahrhunderte ab, die Musikpraxis selbst übernahm mehr und mehr die Aufgabe, die Vollkommenheitsgesetze der gesamten Schöpfung abzubilden. Sie war deshalb bis weit in die Renaissance strengen Kompositionsgesetzen unterworfen. Erst mit dem Einbruch der Neuzeit drängte sich mehr und mehr der Ausdruck von Affekten und individuellen Gefühlen in den Vordergrund. Die Musica mundana trat in den Hintergrund. So ist es verständlich, daß auch das Bewußtsein für das Einstimmen in die himmlische Liturgie durch die irdische immer schwächer wurde. Thomas von Villach versiegelt mit seinem Freskenzyklus gleichsam den Schatz der zurückliegenden Erfahrungen vom Zusammenwirken der irdischen mit der himmlischen Liturgie, und es mutet fast wie ein gültiges Bildzeichen an, daß die Fresken bis 1886 unter einer Putzschicht verborgen waren.

Als Wegweiser in dieser differenzierten Materie müssen zwei Beispiele genügen. Ursprünglich stimmten die Menschen natürlich einstimmig in die Himmelsliturgie ein. Warum nicht mehrstimmig? Einstimmigkeit war Ausdruck der Vollkommenheit des göttlichen Unum, der göttlichen All-Einheit. In der Folge traten die Intervalle in einer Reihenfolge hinzu, der man noch anmerkt, daß auch die Zahlen einmal göttlicher Natur waren und nicht nur gleichwertige Abschnitte auf dem Zahlenstrahl. Zunächst trat in der Mehrstimmigkeit die Oktave auf mit einem Zahlenverhältnis von 1:2 der ursprünglichen Saitenlänge: Die Einheit tritt zur Urpolarität auseinander. Sodann traten Quinte und Quarte hinzu, die das Zahlenverhältnis von 2:3 und 3:4 der Saitenlänge verkörpern. Diese vier Zahlen sind seit alters her die göttlichen Zahlen im engeren Sinne. Mit der Zahl 5 verließ man den göttlichen Raum, den

Makrokosmos, und trat in den Mikrokosmos des Menschen ein. Gerade diese Zahl aber bestimmt das »Geschlecht« der Musik, indem 4/5 einer Saite die Dur-Terz und 5/6 einer Saite die Moll-Terz kennzeichnen. Erst vor diesem Hintergrund wird verständlich, warum um die Einführung der Terz als Wohlklang Glaubenskriege geführt wurden. Man empfand sehr wohl, daß mit der Einführung der Terz die Profanisierung der Musik unerbittlich ihren Lauf nehmen würde. Mit der Einführung der Terz als Wohlklang kündigte sich auch der Rückzug der Himmelsliturgie an. Die Entwicklung der abendländischen Musik wird damit auch zum Spiegelbild der jeweiligen Engelerfahrung.

Das wird auch durch das zweite Beispiel deutlich. Die Engel werden zunächst vor allem redend und sprechend erfahren, mit Ausnahme des Gerichtsengels. Schon bald nach der Erhebung des Christentums zur Staatsreligion stimmen die Gläubigen einstimmig in die Himmelsliturgie ein. Diese wird dann durch Aufnahme der »reinen« Intervalle mehrstimmig, wenn auch nur für geschulte Sänger. In der Folge übergeben die Spielleute etwa ab 1100 ganz unbefangen ihre Instrumente den Engeln. Das gesungene Gotteslob blieb jedoch zunächst Hauptsache. Erst ab etwa 1420 nehmen die Instrumente mit dem Heraufziehen der Neuzeit auf den Engeldarstellungen mehr und mehr Bezug zum irdischen Musizieren, zur Praxis also, ehe dann in der Folge die Engelvorstellung mehr und mehr materiell wird und schließlich im Kitsch untergeht. Das Fresko von St. Andrae in Thörl-Maglern gehört in die Phase, in der die irdische und die himmlische Musik noch ein gemeinsames Konzert bildeten (unter Verwendung von Hammerstein, 1962).

Musik der Engel

Was eigentlich mögen die Engel musizieren? Spielen sie Bach, Mozart, Beethoven, Monteverdi oder Spirituals? Können sie auch indische oder japanische Musik machen? Schon in Richtung einer Antwort gefragt: Weht in einem indischen Rhaga auch der Atem des Engelgeistes? Ist dort ebenso wie in einer Palestrina-Motette der Hauch der göttlichen Inspiration zu vernehmen? Eine Gegenfrage sei erlaubt: Wäre es nicht vermessen zu glauben, die Engel machten nur europäische Musik und spielten nur Bach oder Mozart?

Wie schon ein flüchtiger Blick zeigt, hat jeder Kulturkreis auch seine Engelerfahrungen in andere Gestalt gekleidet. Die Geflügelten, die wir Engel nennen, fehlen in keiner Kultur. Sie heißen manchmal Götter oder heißen Sphinx, Genius oder Wesen. Für jeden Zeitabschnitt, für jeden Kulturkreis gibt es eigene Engelerfahrungen und Engelbilder. Für jeden Kulturkreis, für jeden Zeitabschnitt gibt es die zugehörige Engelmusik. Die Evolution der Musik ist auch die Evolution aller Engelmusik. Alles, was tönt, ist nur der Abglanz der einen Musik, der einen himmlischen, geistigen Klangwelt, ist nur eine einzige Facette aus dem reich geschliffenen Edelstein der Himmelsmusik, die ihrerseits nicht mehr ist als die Lichtbrechung des einen großen Lichtes, Klangbrechung des einen großen Klanges. Die geistige Welt musiziert nicht europäisch. Sie macht gleichzeitig indische, chinesische, japanische und europäische Musik. Sie spielt pentatonisch, diatonisch, zwölftönig. Sie spielt in Dur und in Moll, in Kirchentonarten, in den indischen Modi mit ihren Vierteltönen. Sie bringt Ordnung hervor, Klänge, Melodien. Sie spielt Sonaten, Lieder, Tänze oder Rhagas. Sie wird gesungen, geblasen, gestrichen oder gezupft. Alle Musik dieser Welt, die erklungen ist, erklingt und erklingen wird, die aufgeschrieben ist oder in Menschen ertönt, ist der Ausdruck einer einzigen geistigen Welt. Alle Töne dieser Erde nehmen teil am großen Himmelskonzert der Engel.

Halt! Macht mich hier die Begeisterung für die musizierenden Engel blind? Gibt es nicht auch gefallene Engel und Dämonen im Reiche des Bösen? Welche Musik machen sie? Wie kann man ihre Musik von der himmlischen unterscheiden? Das ist nicht einfach. Die Musik der Engel ist immer Ordnung, sie stiftet Ordnung, verkündet Ordnung. Dann ist die Musik der gefallenen Engel, der Dämonen und Teufel Unordnung, sie stiftet Unordnung. Nun bedienen sich die Teufel und Dämonen stets solcher Methoden, die denen der Engel auf den ersten Blick ähneln, die sie aber pervertieren und zur Karikatur machen. Wo gibt es heute so etwas? Wenn ein Schlagzeug z.B. unerbittlich laut und gleichmäßig im Maschinentakt dröhnt, scheint das zunächst ein Ausdruck von Ordnung zu sein. Aber es ist wirklich nur deren Karikatur in seiner maschinenhaften, teilnahmslosen Regelmäßigkeit. Das Schreien der Sänger dazu erinnert nicht nur an tierische Urlaute; es will auch so etwas sein. Auch die in den Augen zuckenden Farbeffekte ihrer Aufführungspraxis unterstützen diesen Eindruck. Alles an dieser Musik zielt auf Entordnung, auf Rausch. Sie will sogar so etwas wie der Tanz auf dem Blocksberg sein. Aber es liegt nicht am Schlagzeug. Ein gut gespieltes Schlagzeug ist wirklich ein himmlisches Vergnügen, und ich bin sicher, daß Engel heute auch Schlagzeug spielen. Jede mechanische Ordnung, wie sie z.B. auch der Marschmusik zugrundeliegt, ist keine Ordnung im Sinne der Engelmusik; sie entwürdigt die Musik wie den Marschierer.

Die Musik ist früher wie heute Kampfplatz zwischen den Heerscharen der guten und der gefallenen Engel. Das Unterscheiden-Lernen ist im Grunde ein Zuhören-Lernen. So wie die Musik immer noch im Werden ist, sind es auch die Engel. Insofern ist die Evolution der Musik ein Dokument für die Evolution der Engel und ihrer Gegenmächte.

Die Engel, die in St. Andrae musizieren, geben auf die Frage nach der Qualität heutiger Musik keine Antwort. Sie spielen die Musik ihrer Zeit. Wenn wir sie aber verehrend betrachten, dürfen wir sicher sein, daß sich ihr Konzert mit demjenigen aller Völker und Zeiten in einer überzeitlichen Harmonie vereinigt. Ihre irdisch gemalten Instrumente sind in Wirklichkeit überirdische Instrumente. In aller Musik geht es um das Wahrnehmen des Klanges »hinter den Tönen«.

Engel über dem Altar

Wenn man in die Kirche von Thörl-Maglern eintritt, ist noch alles, was einen erwartet, verborgen, Geheimnis. Erst auf der Mitte des Weges durch die Bankreihen wird die Bilderfülle sichtbar. Man tritt durch den Chorbogen wie durch ein Tor. Da zieht es den Blick förmlich nach oben. Ins Blickfeld schweben acht Engel, die sind in ein zugleich liebliches wie gewaltiges Konzert vertieft. Fast alle Instrumente der Zeit werden angestimmt. Cembalo und Orgel, Harfe und Mandola, Laute und Bratsche, Hackbrett, Päuklein und Flöte erklingen da. Weit ausladende Schwingen schweigen und brausen zugleich. Goldenes Haar krönt ein jedes Gesicht, das hingebungsvolles Lauschen ausdrückt – bis in die Augen.

Im Nähertreten erreicht man jetzt die Stufen, die in den Altarraum führen. Da wird es endgültig deutlich: Diese acht Engel sind direkt dem Altargeschehen zugeordnet. Mitten unter diesen Engeln stand und steht heute noch der Altar. Wie unser Haupt als Sitz unseres Geistes und unseres Selbst vom Dach unseres Schädels überwölbt wird, so überwölbt dieses Engeldach während der heiligen Handlung das kostbare Altargeschehen, in dem wir ein einziger kleiner Gedanke sind. Wir treten zunächst noch als aufnahmebereite Kunstbeflissene vor den Altar. Aber die Verwandlungskraft des Bildes ist so mächtig, daß wir zudem noch in diesem Augenblick in einen anderen, inneren Raum eintreten dürfen. Dabei fällt unser Blick schräg vor uns auf zwei weitere gewaltige Engel, heute weitgehend durch einen Barockaltar verdeckt, die diesem Engelkonzert offenbar direkt zugeordnet sind. Sie blasen Posaune, das mächtigste Instrument im Konzert der Engel. Zwischen ihnen weist eine Gestalt – Veronica – das ewig wahre Antlitz Christi vor, in das Grabtuch eingeschrieben. Dieses Antlitz ist die Wahrheit, die da fast nüchtern vor uns ausgebreitet wird: Alles in diesem Raum geschieht im Angesicht des

Auferstandenen. Der Priester und die Gemeinde werden mit diesem Bild als der überdauernden Wahrheit konfrontiert. Beide sollen immer neu erkennen und bekennen, daß die Opferhandlung auf dem Altar mit und für Christus vollzogen wird als dem Sohn des lebendigen Gottes. Freiwillig sollen Priester und Gemeinde dort stehen. In Freiheit sollen sie das Opfer bringen.

Wieder gleitet der Blick nach oben zu den musizierenden Engeln. Es ist, als ob ihre Gesichter noch gelöster wären, noch heiterer, noch leichter, noch lichter. Das Kunstinteresse verblaßt in diesem Augenblick völlig. Wie hinter einem Schleier wird deutlich: Das Opfer des Christus geschieht am Altar immer dann, und nur dann aufs neue, wenn wir ein Stück von uns mitopfern. Das Geheimnis der Transsubstantiation geschieht gleichzeitig vor uns, mit uns und in uns. Die Engel sind dabei Helfer, nicht Bild. Sie befinden sich dort oben in einer unendlichen webenden Bewegung. Sie tragen gleichzeitig etwas von oben nach unten und nehmen etwas von unten nach oben mit: Das, was aus der Hingabefähigkeit von Priester und Gemeinde dargebracht wird. Das ernährt sie, und sie ernähren damit die Opfernden. Blitzartig wird verständlich, was Angelus Silesius mit der Geburt des Christus in einem jeden Menschen gemeint hat. Die Engel helfen, die den Menschen heil und ganz machenden Substanzen zu bewahren und zum Altar zu bringen. Der Altar ist die Schwelle, der Grenzübertritt, wo Stoffliches in Ewiges verwandelt wird, Weihrauch in Allgegenwart, Leben in Sein. Die Engel helfen bei dieser Verwandlung. Sie bewahren aber auch das schon Verwandelte und tragen es nach oben. Die Achse der Welt ist Christus, um die sie schon mitkreisen. Ich, du, wir sollen uns in diese Bewegung einfügen, Sinnliches in Übersinnliches verwandeln und das Übersinnliche mehr und mehr mit in das Sinnliche hineinnehmen: Des Christus Licht in unser Tageslicht.

Wenn man jetzt in die Gesichter der musizierenden Engel schaut, glaubt man wahrzunehmen, daß sie dankbar lächeln, als wenn sie soeben etwas empfangen hätten. So ist es wohl auch. Die Engel sind direkt und real am Altargeschehen beteiligt, sie feiern das Sakrament mit – durch uns. Die Töne ihrer Instrumente sind dabei wie eine Leiter, auf der sie auf- und niedersteigen.

Ganz still ist es jetzt in der Kirche. Jakobs Traum ist unmittelbar anwesend. Es ist mit Händen zu greifen, daß die Schöpfer dieser Bilder wußten, wie Mensch, Christus und Engel im Altargeschehen zusammenwirken.

An der Seite weisen die neun Hierarchien darauf hin, welch langer Weg der Menschheit noch bevorsteht. Wir tauchen auf, fast wie aus einer neuen Taufe, und wenden uns dem Ausgang zu. Da fällt unser Blick auf die Westwand, wo Könige und Päpste vom Höllenschlund verschluckt werden. Ernst blickt der Christus in der Regenbogenmandorla, die er herniedersteigend gerade mit seinem Fuß durchbricht, auf jeden Menschen im Altarraum. Es ist wie eine Aufforderung, etwas von dem Empfangenen und Geschauten mit in den Alltag des Lebens zu nehmen, wie ein Heilmittel – und es an andere weiterzugeben.

Merkwürdig: Die Aufgabe ist groß, sie übersteigt Menschenkräfte. Ihre Größe könnte resignieren lassen. Aber davon ist nichts zu spüren. Im Gegenteil. Selbst das Licht draußen hat sich verändert und ist heller und durchsichtiger geworden. Sollte das die Musik der Engel bewirkt haben?

Das Opferfeuer

Die seltsame Geschichte einer Jungengruppe

Zwölf Jungen saßen eng zusammengedrängt in ihrer Hütte. Nachdem auf dem großen Bauplatz täglich der Lärm der Baumaschinen zunahm und alle Unterkünfte der gegen den Bau protestierenden Menschen zerstört worden waren, hatten sie am Rande, außerhalb der Umzäunung einen Ort gefunden, an dem das Balkenfundament der Lagerkirche stehen geblieben war. Hierauf hatten sie sich ihren Versammlungsraum gebaut: Ein Dach aus Balken und Brettern, mit Fichten- und Kiefernzweigen bedeckt. So hatten sie es von den Großen abgeguckt.

Dämmerdunkel herrschte im Raum, trotz hellen Sonnenscheins draußen. Lothar, mit sieben Jahren der Jüngste in der Runde, hielt sein Meerschweinchen im Arm und ließ es zur Abwechslung immer wieder unter den Pullover kriechen. Werner, mit zwölf Jahren der Älteste, hatte schon Pickel im Gesicht und war der Wortführer: »Wir spielen Dorfbesetzung durch die Polizei. Die drei Ältesten sind die Bullen mit Stock. Die andern sind die Besetzer, die dürfen aber nur mit Zapfen werfen. Wir zählen Treffer gegen Treffer. Ich bin der Schiedsrichter. Aber es ist verboten, fest zuzuschlagen und auf das Gesicht zu zielen.« Lothar streichelte sein Meerschweinchen; die anderen machten abweisende Gesichter: Keine Lust! Dieses Spiel hatten sie nun mit vielen Abwandlungen wochenlang gespielt. In die verlegene Pause hinein sagte Jürgen, dessen Vater auf der Atombaustelle arbeitete: »Wir können heute ja an unserer Hütte arbeiten!« Aber auch er erntete keine Zustimmung. »Wir müssen uns etwas Neues ausdenken«, sagte Jürgen. Das wußten die anderen auch – aber was? Schließlich meldete sich Pepi zu Wort: »Abends liest mir mein Vater gerade ganz tolle griechische Geschichten vor. Die haben immer was geopfert und verbrannt, wenn sie Wünsche hatten. Wir können ja Opferfeuer anstecken, vielleicht hören die dann wirklich auf zu bauen.« Hier protestierte Jürgen: »Wo soll mein Vater dann arbeiten?« Aber sein Einwand wurde nicht gehört. Die anderen griffen die Idee begierig auf.

»Das muß aber richtig rauchen und weit sichtbar sein!«

»Man muß es auch riechen können.«

»Da muß aber auch ein richtiges Opfer verbrannt werden!«

Nun war guter Rat teuer. Woher ein Opfer nehmen? Wieder schwirrten die Stimmen durcheinander:

»Die haben Hühner und Schafe geopfert.«

»Manchmal haben sie Geld auf den Altar gelegt.«

»Das ist doch alles Blödsinn!«

Schließlich machte Pepi einen Vorschlag: »Also Leute, jeder bringt etwas mit, was ihm besonders lieb ist.« Lothar drückte sein Meerschwein an sich. »Sonst ist es kein richtiges Opferfeuer und wirkt nicht.« Wieder allgemeines Stimmengewirr.

»Ja, das wird gut!«

»Ist doch affig!«

»Schließlich glaubt noch einer daran!«

»Kannst ja auch gleich einen Weihrauchkessel schwingen.«

»Da brauchen wir aber etwas Zeit.«

So ging das Durcheinander wohl zehn Minuten weiter, bis Werner laut »Ruhe!« brüllte. Aber der Ruf kam nirgendwo an. Die zwölf waren zu aufgeregt; das Thema Opferfeuer hatte sie gepackt. Es dauerte eine ganze Weile, bis sie sich beruhigt hatten. Am Schluß hatten sie aber tatsächlich einen Plan gefaßt, den Pepi noch einmal wiederholte:

»Also, wir machen das so: Wir teilen uns in vier Gruppen auf, an jeder Seite des Baugeländes eine. Jede Gruppe schichtet aus Kiefern- und Fichtenzweigen ein Feuer auf. Obendrauf legt jeder sein Opfer, aber keine Tiere. Darauf schichten wir Rinde, damit es auch schön raucht und niemand sehen kann, was wir opfern. Wir warten dann bis zur Dämmerung. Werner hat noch ein paar Leuchtraketen von Sylvester. Die läßt er hochgehen. Dann stecken wir die Feuer gleichzeitig an. Morgen machen wir das.«

Jetzt war es, als wenn jemand in einen Ameisenhaufen getreten hätte. Schließlich bildeten sich vier Gruppen. »Ab geht die Post«, sagte Pepi, und jede Gruppe lief zu ihrem verabredeten Platz an einer Seite des Baugeländes. Damit sie nicht auffielen und Polizeihunde sie vertrieben, ging niemand nahe an den Zaun heran. Nun begann ein emsiges Sammeln. An Zweigen war kein Mangel, nur Rinde mußten sie mühsam suchen. Dafür waren aber viele Bäume verletzt, und Harz war ausgequollen. Das nahmen sie ebenfalls und trugen es zu ihren Opferstellen.

In der Nacht schliefen alle zwölf schlecht. Pepi fragte seinen Vater: »Wie haben die Götter das eigentlich gemacht, wenn sie ein Opfer angenommen haben?« – »Das ist schwierig zu erklären – der Glaube hat wohl das meiste bewirkt. Schlaf jetzt!« Pepi ging es noch lange wie ein Rad im Kopf herum: Der Glaube ... die sollen aufhören mit der Atomfabrik ... unser Glaube ... ich will immer im Wald spielen können – wünsch ich mir – wünsch ich ... Da war er fest eingeschlafen.

Alle waren mit dem Opferfeuer beschäftigt. Etwas opfern, was man besonders gern hat. Darüber hatte noch nie jemand von ihnen nachgedacht. War das nicht Verschwendung? Oder doch nicht? Ihre Gedanken liefen vom Fußball zu den Fußballschuhen, vom Essen zum Geschichtenbuch, vom Lego-Baukasten zur Eisenbahn, von den Plüschtieren, die manche immer noch heimlich mit ins Bett nahmen, zum Fahrrad. Konnte man nicht auch etwas nehmen, was man am zweitliebsten hatte?

Aber dann würde das Opfer nicht mehr wirken, hatte Pepi gesagt. Und jeder fand schließlich seinen Gesichtspunkt zur Auswahl: Was mir am ersten einfällt, womit ich heute gespielt habe, was ich auf eine Insel mitnehmen würde, was ich eigentlich nicht wegschenken möchte... Und jeder fand auch heraus, daß nicht der Geldwert sein Opfer kennzeichnete, sondern wie sehr er daran hing. Das konnte natürlich keiner formulieren, hatte es aber im Gefühl. Und jedem kam auch die Frage, ob er sich auf ein solches Spiel einlassen sollte, das eigentlich Ernst war. Und jeder wußte auch als er einschlief, daß dies ein einmaliges Spiel sein würde.

Am nächsten Tag nach der Schule kurze Versammlung in der Hütte. Was hatte jeder mitgebracht?

»Ich mein Trixi-Auto.«

»Meinen Malkasten.«

»Ich habe meinen Zwergenstein in der Tasche.«

»Hier ist mein kleiner Panda.«

»Das Vorlesebuch.«

So schwirrte es durcheinander. »Hat jede Gruppe Streichhölzer?« –

»Wenn die Sonne wie ein Fußball auf der Erde liegt, zünden wir die Raketen!«

Alles stob auseinander. Lothar hatte sein Meerschweinchen doch lieber zu Haus gelassen. Man sah es, er hatte keinen Bauch mehr unter dem Pullover.

Nun war jede Gruppe allein und wartete auf den Sonnenuntergang. Man konnte ihn von jedem Platz aus gut sehen, denn in der ganzen riesigen Baustelle standen nur noch zwei Inseln mit Bäumen, das übrige war eine Art Sandwüste. Nur ein einziger großer Komplex war schon fertig. Weißer Rauch quoll aus einem der Schornsteine. Kein Opferrauch, dachten die Jungen. Sonst war lediglich eine ganze Herde Kräne zu sehen, die ihre Hälse immer deutlicher in den sich ankündenden Abendhimmel streckten.

Jetzt lag die Sonne wie ein runder Ball auf den Silhouetten der Kiefern. »Ich zähle jetzt langsam bis hundert«, sagte Werner. Die Raketen hatten sie in eine Flasche gestellt. Nun zählten sie gemeinsam langsam und laut. Obgleich es nur Zahlen waren, klang es wie eine Beschwörungsformel. Bei 95 rissen sie die Streichhölzer an und hielten sie an die Zündschnüre. Die glimmten, zischten kurz, und fast gleichzeitig stiegen die drei Sylvesterraketen auf, versprühten ihre roten, grünen und silbernen Leuchtkugeln in den Abendhimmel und verglimmten. Eine zarte Rauchspur kennzeichnete kurz ihren Weg und verlief sich. Nach ein paar Minuten sah man vier dünne Rauchsäulen aufsteigen, klein, ja winzig und mager und keinesfalls großartig und mächtig. »Unsern Spielwald wollen wir wiederhaben«, dachte Pepi, dessen Feuer im Osten brannte, »der Glaube kann das bewirken«. Duft von Harz breitete sich aus. Nach dem ersten Aufflammen sank Pepis Feuer in sich zusammen und gloste nur noch. Aber dann fing es plötzlich an zu dampfen und zu qualmen. »Der Panda brennt!« Ein wenig leid tat es den Kindern wohl, etwas Liebes zu verbrennen, einfach so zu opfern. Aber ohne das nützt es nichts, hatte sogar Pepis Vater gesagt.

In allen Gruppen tauchten ähnliche Gedanken auf. Nach einer Stunde war bei allen das Feuer abgebrannt. Sie verteilten die Asche ein wenig und warfen alles mit Sand zu. Niemand hatte sie gestört, kein Polizist war aufgetaucht. Das fanden sie verwunderlich. Ganz kurz nur trafen sie sich in ihrer Hütte.

»Unser Feuer wollte erst nicht brennen.«

»Eure Rakete war prima zu sehen.«

»Jetzt bin ich aber gespannt, ob Pepi recht behält.«

»Das war von überall her zu sehen.«

»Feuer können wir ja wieder machen, aber keine Opferfeuer.«

»Nach Haus jetzt, sonst bekommen wir Schimpfe.«

Schon stob die kleine Schar auseinander. Aber Pepis Vater wollte zu Haus seine Erzählung gar nicht hören, dabei wollte er doch vom Opferfeuer erzählen. »Pepi, morgen reden wir weiter. Eben kam eine Meldung durch die Nachrichten, daß der Bau auf unserer Atombaustelle eingestellt wird. Sie wäre nicht mehr nötig, hieß es.«

Da war es Pepi, der schwieg. Er dachte sich sein Teil. Aber von dem Opferfeuer hätte er jetzt nicht mehr reden wollen. Diesmal wußte er es wirklich besser als sein Vater.

Der Harfenengel

Schau, wie der Engel
im Blick auf die Mitte der Welt
nach innen sich sammelt.

Schau, wie der Engel
gerade im lächelnden Ernste
das Weltenwort hört.

Schau, wie der Engel
mit goldener Aura
den Himmel erleuchtet:

Sein Schauen und Lauschen
verwandeln die Hände
zu Himmelsmusik.

Die Flügel brausen im Sonnenwind.
Der Mantel weht jenseits des Mondes
im Atem anderer Engel.

Schau auf den Engel
und geh ihm entgegen!

Vom Konzert einer Landschaft

Ich sitze irgendwo in der Landschaft. Zuerst nimmt der Wind die Wahrnehmung gefangen. Er ist nur Nähe. Er beherrscht neben mir die Erlengebüsche mit seinem einförmigen Schaben, schwillt an, versinkt wieder, erklingt in den Blättern, wie wenn Steinchen in einer Tonschüssel gerührt würden – aber in Zeitungspapier gewickelt. Die Weide neben mir weht schweigsam mit, mit Blättern wie aus Vogelfedern. Das alles ist eingenäht in das Schwalbenzwitschern von oben, in das ab und zu der kurze Bogenstrich eines Buchfinken fährt; oder in der Nähe das aufdringliche Summen einer Schwebefliege. In der Ferne ist noch ein anderer Ton: Heuhüpfer unterlegen das an- und abschwellende Rauschen des Windes mit einem weichen, gleichförmigen Tonteppich.

Der Blick gleitet ins Irgendwo des Grillengesangs, wird kurz aufgehalten von den großen Gräsern in der Nähe, die sich so gravitätisch verbeugen, stützt sich an das Stämmchen einer fingerstarken Esche und rastet schon auf einer Lichtung. Grün beherrscht die Szene, Schweigen scheint dort zu wohnen. Es ist wie ein ferner, grüner See, über den die Wellen des Windes laufen. Das Klingen der Nähe wird von den Augen in die schweigsame Ferne geführt. Eingesprengt in das wogende Grün des Grassees und sich überschlagend glühen braunrote Rispen eines anderen Grases. Dazwischen dunkelgrüne Jungfichten. Neben dem Grassee ein aufgerissener Waldrand. Die silbernen Stangen der Grauerlen lösen sich mit Fichten ab, mit Gebüschen, deren Arten nicht auszumachen sind. Überhaupt verschwimmt alles ins Malerische. Die Blätter an meiner linken Seite z. B. sehen im Wechsel grün und grau aus, je nachdem, ob sie die Ober- oder Unterseite zeigen. Je weiter aber der Blick nach rechts schweift, um so stärker spiegelt sich die Sonne auf ihnen, und man weiß nicht, ob sie aus Papier oder Metall sind. Man will es in diesem Augenblick auch gar nicht so richtig wissen, da wandert der

Engel mit der Harfe

Entfaltungsstadien der Ballonblume

Blick schon am Berghang im Hintergrund empor und verweilt auf den Häusern. Während das Auge von den Häusern auf den gelbgrünen Wiesenhang hinüberspaziert, von da auf den Berghang, auf dem die Fichten im Sonnenlicht prahlen und sich so hervortun, daß jede einzelne über dem grünen Schwarz des Waldgrundes wie eine Kerze steht, fällt der Wind in der Nähe plötzlich ganz aus, macht eine Pause. Das Schweigen wird hörbar, auch das Schweigen ist Klang.

Da bleibt das Auge auf dem Parabolspiegel einer großen Fernsehantenne hängen, die hier oben steht und starr mit ihrem Auge ins Tal blickt. Was bedeutet dies inmitten der Töne und Farbklänge? Bin ich nicht ein antiquierter Mensch mit meiner Wortbeschreibung von Klängen und Farben? Das nimmt eine Kamera genauer und schneller auf und transportiert es über diese Antenne in jede Wohnung! Hier unten nach Engeln suchen? Eine Landschaft durch Ohr und Auge klingen fühlen?

Irgendwie geht mich hier dennoch der große Parabolspiegel nichts an. Meine Augen sind so eingetaucht in ihre Wanderung, daß sie weitergleiten und leichter als zu Fuß, wie mit Flügeln die Zollnerhöhe erklimmen. Im Gegenlicht der Sonne sprüht ein Waldsaum, der wie Filz über die runde Kuppe gezogen ist, Licht. Noch weiter oben, wo die Schwalben ihre Zickzacklinien ziehen, wölbt sich ein warmblauer Himmel voller Wolkenlöwen und Himmelsgiraffen, Felder, Inseln und ganzer Erdteile. Ob die Schwalben diese flüchtigen Gebilde zu einer wirklichen Welt zusammennähen können? Sie sagen es nicht, ihr Zwitschern aber erinnert mich plötzlich ein wenig an eine Nähmaschine.

Der Blick gleitet wieder ins Tal, kommt zurück in die Nähe, spaziert über die Baumkronen, die knapp einen Steinwurf entfernt sind und gerade vom Wind geschüttelt werden. Jetzt erglänzt eine Insel aus Farnen am Fuße der Erlenstangen, aber die roten Gräser wogen immer noch gleichförmig im grünen See. Die kleine Esche, an der sich mein Blick am Anfang festhielt, wippt mit den Blättern immer noch wie vorhin. Auf meinem Papier hat sich inzwischen eine ganze Schar grellbunter Schwebfliegen niedergelassen. Immer noch schnarren die Heuhüpfer ihr gleichförmiges Schicksalslied.

Ich beschreibe Natur und fühle, daß hier Engel wohnen. Aber ich kann sie noch nicht sehen. Ich werde wiederkommen und weiterüben.

Das Urteil des Volkes

Ein Märchen

Es war einmal ein König, der wollte einen großen Park anlegen. Wie das Paradies selbst sollte er werden, an das sich die Menschen immer erinnern sollten, wenn sie darin umhergingen. »Ich werde Sträucher und Kräuter und Moose pflanzen, Tempel zum Beten anlegen, Häuser zum Schmausen. Überall soll es schöne Teiche geben. Bäche und Flüsse sollen den Park durchfließen und über Felskaskaden herabstürzen. Neben den Fruchtbäumen sollen die anderen stehen, die nur schön und mächtig sind. Und auch von allen Tieren sollen ein paar Exemplare im Garten leben, Löwen und Tiger, Schafe und Ziegen, Käfer und Schmetterlinge.« Der König legte alle tiefen Gedanken, die er je gedacht hatte, in den Plan. Er fand nach langem Suchen auch einen berühmten Gärtner, der den Plan so ausführte, wie er den König verstanden hatte. Am Ende war der Garten wirklich fast so vollkommen geraten wie das Paradies. So war der König zufrieden und glücklich.

Aber auch ein Paradies braucht Zeit, bis die Bäume groß und ansehnlich sind. So hütete der König über die Hälfte seines Herrscherlebens sein Geheimnis. Dann ließ er einen großen Festtag ansetzen. Er wollte an diesem Tag den Park seinem Volk übergeben. Es sollte diesen Ort des Friedens und der Freude kennenlernen und die Erlaubnis erhalten, darin jeden Tag wie der König spazieren zu gehen.

Zur Eröffnungsfeier ließ der König vor dem Garten Leierkastenmänner aufmarschieren, ließ Karussells für die Kinder aufbauen, eine Krapfenbäckerei für die Frauen und vergaß auch den Getränke- und Imbißstand nicht. Er mischte sich unter die Bürger. Sie hatten an diesem Tage fröhliche Gesichter – da war auch der König glücklich über sein Lebenswerk.

Als es dunkel wurde, mußte das Eintrittstor wegen der Tiere geschlossen werden, und alle Bürger des Landes gingen nach Hause. Der

Jäger sagte zu seiner Frau: »Es ist ja ein schöner Wald geworden; aber er wäre erst vollkommen, wenn in einem Gebiet das Schießen erlaubt worden wäre.« – »Ja«, sagte seine Frau, »du hast recht. Mir fehlte vor allem der Grillplatz, wo man von deinen geschossenen Tieren gleich ein Stück aus der Lende hätte braten können.« Hätte der König die Gespräche in seinem Lande an diesem Abend belauschen können, wäre er sicher tieftraurig gewesen. Der Fischer vermißte die Berechtigung, im großen Fischteich zu fischen, dem Arzt fehlte eine Stelle, an der man Verunglückte gleich versorgen konnte. Der Töpfer vermißte an den Weggabelungen Tonkrüge. Und der Pfarrer hätte inmitten der ganzen Schönheit gern eine größere Kirche gehabt. Jeder sagte Ja – Aber und hätte alles ganz anders und viel besser gemacht als der König.

Der König war nicht nur gut. Er war auch ein lebenskluger Mann. Er wußte wohl, daß ihm kaum jemand frei seine Meinung sagen würde. Deshalb schickte er ein paar Getreue aus, die die wahre Meinung seines Volkes erkunden sollten. Als er erfuhr, was angeblich alles fehlte, wurde er tieftraurig, weil er ein guter König war. Er nahm die Meinung der anderen ernst und glaubte nun, er habe alles falsch gemacht. Wie konnte er sich nur so irren! Nach ein paar Monaten starb er vor Gram.

Da war große Trauer, denn er war wirklich ein geliebter König. Aber das hatte ihm keiner gesagt. Jeder hatte nur seine eigene Wunschwelt gesehen, die der König ihm erfüllen sollte. Jetzt, wo der König tot war, war jedermann voll des Lobes über ihn und sein großes Werk. Aber er konnte es nicht mehr hören, es war zu spät. Er konnte auch nicht mehr sehen, daß ihm ein Künstler zum Gedenken die Totenmaske abnahm und daß sein Volk zusammenkam und beschloß, ihm ein großes Grabmal zu errichten und abwechselnd davor Wache zu halten, damit niemand ihnen ihren geliebten toten König fortnehmen könne. Sie gelobten, fortan die Welt mit den Augen ihres Königs, mit den Augen des anderen anzusehen, und hielten dies auch.

Dieses Land wurde ein glückliches Land, und der Kummer des toten Königs verwandelte sich in tausendfache Früchte der Liebe. Sein Volk war das erste, in dem einer dem anderen zuhören lernte. Nur einen dunklen Fleck hatte die Sache für alle Zeiten: Der König, den es eigentlich am meisten anging, erfuhr niemals mehr davon.

Erneuerte Schwingen

Die Schwingen sind müde,
die Federn verstaubt und zerschlissen,
die Nester verfallen;
der große Gesang ist verstummt.
Alle Geflügelten ruhen.
Sie haben gesungen, gelobt und geschafft,
die Schöpfung des Jahres vollbracht.

Nun atmet die Sonne auch in der Nacht,
haucht Leben, haucht Tau
auf Gräser und Blüten,
Spinnweben und Steine.
So nährt sie die ausgetrocknete Erde,
die staubigen Blätter und Flügel.
Die behäbige Sommerraupe
verpuppt sich zu neuem,
geflügeltem Leben.
Inmitten der Sommerglut
Umkehr von innen:
Jedweder Fittich
erneuert die Federn.

Schweigende Vögel
schlüpfen durch Zweige,
kreisen am Himmel
und weben am Tuche
der Zukunftshoffnung.

Eine Blüte entfaltet sich

Gestern war Bergtag des Urlaubs. Acht Stunden bei kühlen zwölf Grad über 2000 Meter, aber in strahlender Sonne. Heute wünschen sich alle von der Sonne getroffenen Körperteile Schatten. So raube ich der Ballonblume (Platycodon), deren Blüten uns seit fast fünfzehn Jahren in jedem Urlaub begleiten, ein paar Knospen, um an ihnen die »beweglichen« Baupläne ihres Architekten zu studieren (s. S. 158). Das Nachtgewitter vorgestern hat den einen Stengel ohnehin geknickt, so daß mein Raub Verzeihung findet. Ich lege die Knospen in der Reihenfolge ihres Wachstums auf den Tisch. So will ich das Geheimnis dieses dynamischen Bauplans ergründen.

Keine der vielen anderen Glockenblumen oder Pflanzen hat eine vergleichbare Blütenarchitektur. Ganz unmittelbar stellt sich der Gedanke ein, daß hier die Glockenblume in ihrer reinsten Idee zum Ausdruck käme. Aber das muß man sich erst mühsam im einzelnen verdeutlichen.

Die kleinen Knospenknubbel treten zunächst ganz unscheinbar und auch noch ungeformt in die Öffentlichkeit des Lichtes. Kleine spitze, kegelige Gebilde schieben sich aus den Blattachsen hervor. Das ist auch jetzt noch an mehreren Stellen der Fall.

Dann strecken sich die Kegel und nehmen nun sehr rasch, von oben betrachtet, eine Fünfeckform ein, ein wirkungsmächtiges Pentagramm. Zehn »Adern« sind sichtbar. Erst von der Seite gesehen unterscheiden sich die »Adern«. Jede zweite beschreibt einen sanften Bogen bis zum Knospengrund, während die andere erst nach außen auszubrechen versucht und sich dann in einem spitzen Winkel umkehrt. Dadurch kündigt sich die Bildung eines Erkers an, dessen Metamorphose das auffälligste an der ganzen weiteren Blütenentwicklung ist. Nach unten zu, gegen den Fruchtknoten, wo die fünf Kelchblätter entspringen, ähneln sich die Adern wieder.

Ein späteres Stadium der Blütenentwicklung zeigt, welche Bewegungen in der Knospe vor sich gegangen sind. Die fünf »Erker« oder Höcker, die im vorigen Stadium erst wie eine Möglichkeit ausgebildet waren, haben sich so weit herausgeschoben, daß ihre Spitzen eine Art Absatz bilden. Nur ein begnadeter Kunstschmied könnte eine so wohlproportionierte Ampel erfinden. Von oben gesehen ist das Fünfeck noch klarer, noch eckiger geworden. Allerdings ist das Wachstum der »Erker« so rasch erfolgt, daß die Längsseiten des Fünfecks damit nicht Schritt halten konnten und ein bißchen nach innen eingezogen sind. In diesem Stadium differenzieren sich die »Adern« weiter. Jene, die in die Mitte der »Erker« hineingewachsen sind, verlieren bei diesen ihre Blaufärbung. Nur jene, die sich ohne Bruch vom Zentrum des Fünfecks bis zum Fruchtknoten durchziehen, sind gleichmäßig blau durchgefärbt. Ein ganz klein wenig hat der Ausbau der »Erker« inzwischen auch den unteren Teil der Knospe ergriffen. Von der Seite gesehen hat sich die Walze zu einer schönen Ampelform aufgeweitet.

Die nächste Entwicklungsstufe ist immer noch Knospe. Die Gestaltungsidee ist noch klarer erkennbar, wenn auch die »Erker«, von der Seite gesehen, nun etwas weicher gerundet sind. Von oben gewinnt man den Eindruck, als ob das spitze Fünfeck unter Spannung geriete. Die »Adern« zwischen den Erkern sind dadurch wie von einem dünnen Messer vorgeritzt und versprechen gleichsam, daß die »Erker« ihre Fenster öffnen werden. Wie, ist noch nicht so recht vorstellbar. Die anderen »Adern« dagegen, die die etwas eingezogenen Geraden des Fünfecks durchziehen, sind tiefblau geworden und sogar etwas erhaben. Noch ist die blaue Farbe von Grün getrübt, aber das reine Blau der späteren Blüte ist schon wie ein Versprechen zu ahnen. Sogar der Fruchtknoten und der Blütenstiel sind jetzt von dieser Farbe überlaufen.

Das Öffnen der Blüte geschieht wie unter Druck, plötzlich. Sie reißt von der Mitte her jeweils bis zur Erkerspitze auf und breitet sich dann in einer weiteren Bewegung in die Fläche. Von einer Ampelform kann nun plötzlich überhaupt keine Rede mehr sein. Eine schöne, offene Schale entsteht, wohl fünf Zentimeter im Durchmesser. Die Grundfarbe der Blütenschale ist ein dunkles Himmelblau. Dem Fünfstern exakt eingeschrieben verlaufen die tiefblauen Adern. Jede zweite läßt sich zwar bis in den äußersten Blütenzipfel verfolgen, verzweigt sich aber auf dem Weg zu einem lebendigen Maschenwerk. Gegen das Licht sieht es aus, als ob ein Netz die Blüte von innen stützen würde. In der Mitte der Blüte steht eine schlanke Säule, die in diesem Stadium merkwürdigerweise unten zu einer Keule verdickt ist. Ja, richtig: Fünf Staubgefäße bilden den Keulenknauf. Unten sind sie schon gelblich bepudert. Unter ihnen verlängert sich der Schaft weiter in einen geflügelten, reich behaarten Stiel. Die Narbe verbirgt sich in diesem Stadium offenbar noch zwischen den Staubblättern.

Von außen sieht die junge Blüte gar nicht außerordentlich aus. Das tiefe Blau ist fast einfarbig, nur die Hauptadern, die in die Spitzen führen, treten etwas dunkler hervor. Dennoch ist auch im Unterteil etwas geschehen. Der schalenförmige Fruchtknoten mit seinen fünf spitzen Blättern gehört nun plötzlich vom Eindruck her nicht mehr zur Blüte, sondern zu den Blättern, zum Stengel. Die Blüte mit ihrem strahlenden Blau beherrscht das Feld.

Im nächsten Blütenstadium, bei warmem Wetter zwei Tage später, hat sich wieder viel verändert. Die Blüte sieht gealtert aus, durchaus im menschlichen Sinne. Der straffe Blütentrichter scheint dünner, schlaffer, durchsichtiger geworden zu sein. Kleine Runzeln überziehen die Außenseite. Das tiefe Himmelblau ist verblaßt. Das tiefdunkle Maschenwerk der Adern ist zu Flüssen geschrumpft, deren Wasser nicht mehr ausreicht zur Versorgung der angrenzenden Auen. Die Staubfäden haben sich in fünf Fäden aufgeteilt, die auf dem Innern des Blütentrichters liegen. Das, was am Anfang als geflügelte Verzierung unter ihnen stand, veränderte sich wenig und steht nun als hellblauer, mit Haaren vernähter Radstern am Grunde der Schüssel. Die Narbe ist immer noch geschlossen. Wie der Knauf eines Herrscherstabes pflockt sie in der Mitte der Knospe. Ihre Stunde ist offenbar noch nicht gekommen.

Wie es weitergeht, habe ich oft gesehen. Die Narbe breitet sich zu einem Fünfstern aus. Aber an dieser Pflanze waren nur noch ganz abgeblühte Blütenstadien vorhanden. Welch eine Veränderung in ein paar Tagen! Eingefallen, verrunzelt, trocken, fahlbraun der leuchtende Fünfstern. Nur in den Winkeln, wo die Zipfel zusammenstießen, gibt es noch vergessene Reste vom Himmelblau. Ein paar Adern erinnern sich noch ihrer Farbe, alles andere ist versiegt. Dieser Todesprozeß ist in seiner Gegenläufigkeit zum Erblühen zunächst unvorstellbar. Wie sinnlose Drähte verhalten sich jetzt die Staubgefäße. Nur die Narbe überrascht: Sie ist zu einem mattgrünen Stern gebreitet, dessen fünf Strahlen diese Szenerie völlig beherrschen. Alles einmal angemischte Blau hat sich jetzt im Stempel zusammengezogen, der allein noch frisch inmitten der Vergängnis steht. Jetzt erst tritt wieder die große runde Halbkugel, der Fruchtknoten, in Erscheinung, die wachsende Samenkapsel, auf der alle überschüssige Farbe wie ausgelaufen und noch erhalten ist. Hier hat die Zukunft begonnen.

Etwa eine Woche dauert das, was hier geschildert ist. Welche Bewegung, welche Veränderung umschließt diese »Zeitgestalt«, die wir meist einfach »Blühen« nennen. Es ist fast unmöglich, dieses Architektenwerk in einem Bilde zusammenzuschauen. Die Pflanze vollzieht ihr Wachstum nach einem eingewobenen Plan. In Luft und Erde, durch Wasser und Sonne wird er verwirklicht. Baumeister und Architekt verwirklichen den Plan wie ein offenbar werdendes Geheimnis. Ist auch das eine Botschaft der Engel?

Ich möchte wirklich wissen, wo und wie diese Bauideen entstehen!

Michaelswende

Merkwürdig, wie das Jahr regelmäßig auch einen geistigen Rhythmus hat, der das Erleben und das Denken bestimmt! Draußen fallen jetzt die Kastanien von den Bäumen, Ahornbäume glühen gelegentlich noch einmal im Rot des Vorherbstes auf, es raschelt schon überall vom abgefallenen Laub, die Winterrosetten der Disteln liegen zwischen allem wie frühe Vorboten der Schneekristalle. Von Tag zu Tag werden die Bäume lichter. Man merkt ihnen an, daß sie ihre innere Form, den Schriftzug aus Stamm, Ästen und Zweigen, bald freigeben werden. Sie warten darauf, ob jemand lesen kann.

Das Jahr der Natur hat jetzt Erntezeit. Auch ich werde in dieser Zeit gefragt, was ich hervorgebracht habe. Bin ich gewachsen? Gab es viele Früchte? Waren sie gut und sind sie reif geworden? Dieser Prozeß spielt sich in mir in jedem Jahr ab, seit ich bewußt zu leben versuche. Ich erfahre ihn immer wieder wie neu und kenne ihn doch schon genau. Ich weiß, daß viele das ähnlich erleben. Im Herbst, in jedem Herbst sterben sie gleichsam mit der Natur einen kleinen Tod. So komme auch ich zur Probe auf die Seelenwaage des Michael, fühle seinen gewaltigen Anspruch und empfinde mein Ungenügen in durchsichtiger Klarheit. Sie ist jedoch nicht niederdrückend. Meist hat sie sogar eine ganz gewöhnliche Ordnungsphase zur Folge. Plötzlich werden Briefe geordnet und endlich beantwortet, Bücher werden zurückgegeben, Liegen-Gebliebenes wird infolge eines inneren Impulses aufgegriffen und erledigt. Manchmal verliert sich das Interesse auch in längst Vergangenem und wandert gleichsam, von den Zweigen ausgehend, zurück bis in die ältesten Jahresringe des Stammes. Der Jahreslauf beschert mir Anfang Oktober regelmäßig ein sanftes Gericht. Es ist buchstäblich Erntezeit, in der ich gleichzeitig die Geburt eines neuen Versuchs fühle. Es ist mit Händen zu greifen, daß Michael in dieser Zeit besonders kräftig wirkt und mich fragt, ob ich den Abstieg in das Reich des Todes wagen will. Er weiß, ich will. So nimmt er mich mit. Der November wird der einsamste Monat des Jahres. Fast ohne jede Hoffnung fühle ich mich, alleingelassen. Nebel und Dunkel umgeben Gefühle und Denken. Es ist, als ob ich mitten zwischen lieben Menschen wie begraben wäre. Sinnlosigkeitsgefühle kommen auf und widersprechen der leuchtenden Klarheit des Oktobers. Ja, die Gefühle selbst beginnen abzusterben. Selbst die Bekanntheit des Vorgangs und der Wille reichen nicht aus, diesen Todesgang zu umgehen.

Zu Advent dann ist es wirklich erlebbar, wie wenn ein winziges Licht aufleuchtete. Das ist hier keine Metapher, kein Symbol, kein bloßes Gefühl, sondern eine geistig reale Wirklichkeit, die Beobachtung des eigenen Seelenweges unter dem Geleit der Geistwesen. Doch die Adventszeit ist leise, wie das Einstimmen eines Orchesters, ohne hervortretende Melodien. Weihnachten kommt regelmäßig der Dirigent, das ist zu spüren, aber das Orchester schweigt noch und hört zu. Jahr für Jahr liegt dann zwischen Weihnachten und Epiphanias die merkwürdigste Erfahrungszeit des ganzen Jahres. Es ist, als ob meine Seele für diese Welt erblinde, sich Traumwelt und reale Welt gleichsam vertauschten und die Seele eine Einweihung erführe. Es ist eine Wanderung unter den Horizont dieser Welt, in kaum erträgliche Einsamkeit. Das alles wird völlig real erlebt und tritt doch nur wie in Traumbildern ins Bewußtsein. Nicht die Baumschrift über der Erde wird erfahren, sondern die dunkle Welt der Baumwurzeln. Gegen Ende der Tage wird das Licht wärmer. Ob mein Schutzengel wohl bis in diese Regionen mitgeht?

Anfang Januar endlich taucht die Seele buchstäblich wieder über dem Horizont auf. Es breitet sich in ihr eine Klarheit aus, die wie das Spiegelbild einer leuchtenden Winterlandschaft ist. Die Erfahrung einer Einweihung des Unbewußten oder Überbewußten wirkt lange nach, den ganzen Januar hindurch. Sie wird erst schwächer mit dem merkbaren Aufsteigen der Sonne Anfang Februar. Es ist wie ein großartiges Bild: Der scheinbare Tod des Lichtes, seine Geburt zu Weihnachten und Auferstehung prägen die nächsten Monate. Es ist Saatzeit, keine Erntezeit, Zeit der Pläne, der neuen Vorsätze, sogar der Ungeduld. Alles stülpt sich in dieser Zeit um: aus Innen wird Außen, aus Kontemplation Aktivität, aus Geist Materie. Wirklich, das Wort Umstülpen trifft die innere Erfahrung am besten. Meist wird aber die Umstülpung nicht so wirksam wie sie müßte. Sie wird von den äußeren Ereignissen des Jahresganges aufgesogen, überdeckt. Der tägliche Gang zu den Krokussen, Tulpen, Narzissen und Obstbäumen veräußerlicht die Erfahrungen, macht aus dem geplanten Konzert der Seele mit der Natur eine einfache Etüde. Mit der Obstbaumblüte machen sich alle Stimmen selbständig, musizieren wie in Trunkenheit, der Dirigent steht resigniert auf dem Podium. Mein Weg nach innen ist unter den Blütenwellen unkenntlich geworden, das Gespräch mit dem Engel stockt. Jeder Tag präsentiert eine neue Welt. Von Jahr zu Jahr spüre ich mehr, daß ich in dieser Zeit besonders Obacht geben muß, weil sich die Seele sonst im Überschwang der Sinne völlig verliert. Es ist eine paradiesische Zeit, aber ich habe bisher mehr oder weniger übersehen, daß die Ernte, die Michaeli eingebracht werden soll, jetzt angelegt wird. Fast in jedem Jahr habe ich mich in dieser Zeit als zu schwach erwiesen und bin untergegangen im Meer des Sommergrüns. Wie eine Seelenmüdigkeit kommt das im Sommer auf mich zu, wie eine Nebelhülle ist es, die die klare Sicht auf den Herbst verschleiert. Vorhaben bleiben liegen, Briefe werden nicht geschrieben, die Seele ist wie ausgeflogen, die Führung schwach. So geht es – wenn auch schwächer werdend – immer noch Jahr für Jahr, bis dann im September dic Seele aus der Außenwelt in die Innenwelt zurückkehrt, Form gewinnt und von neuem die Frage auftaucht: Bist du gewachsen, hast du Früchte hervorgebracht?

Zu Michaeli werden meine Erträge gewogen. Mein Engel trägt sie auf die Waage des kleinen Todes und ist betrübt oder beglückt – je nachdem, was ich mit meinem Jahr gemacht habe.

Vor Michaelis Pforte

Eine Betrachtung

Ich setze mich. Viele Male schon saß ich hier vor dem Hierarchienbild und erfuhr immer wieder aufs neue seinen Verwandlungszauber. Der Blick wandert nach oben: zunächst über die so realistisch dargestellten Osterbilder der Leidensgeschichte, dann über das Handelnde Kreuz bis hinauf zum Schöpfergott. Wie eine steinerne Sonnenbahn wirkt die mächtige Mauer in der Mitte der Wand, die das obere vom unteren Geschehen trennt. Sie steht jenseits eines bogigen Wolkenbandes und grenzt die physische von der geistigen Welt ab. Jenseits vom Wolkensein noch einmal eine Mauer! Aber sie hat ein Tor. In das gewaltige Schloß führt eine Hand des Handelnden Kreuzes den Schlüssel. Es kann aufspringen. Auf dem Torhaus steht Michael, selbst eine Antwort auf die Frage, die sein Name stellt: Wer ist wie Gott? In der Hand hält er die Seelenwaage, er weist das Schwert seiner Licht-Vollmacht ruhig aber bestimmt vor und wird von goldenen Flügeln umhüllt, als Zeichen seines hohen Ranges. Michael reicht mit seinen Flügeln von der Grenze der vierten Engelhierarchie bis an den himmlischen Lichtbogen des Schöpfergottes. Ganz gewaltig ist er herausgehoben, indem er die gesamte mittlere Hierarchiendreiheit umspannt. Damit ist ausgesagt, daß er nicht nur der Seelenwäger für die Menschen ist, sondern daß er auch die mittleren Engelränge anführt, die das gesamte Sein und die Evolution des Universums durchpulsen. Wie ein Vordergrund wirkt dies alles auf mich, wie eine Aussage über die Tragepfeiler unseres Universums: Die Mauer mit der Türe und der aufschließenden Hand, Michael und der Schöpfergott sind wie Felsen, die das Weltgebäude tragen.

Dahinter, zart wie ein geistgewebter Teppich, die neun Hierarchien, die dienenden Scharen der guten Engel, der tätigen Schöpferkräfte. Die untere Hierarchie ist dem Auge noch klar erfaßbar; nach oben verschwimmen die Konturen mit der zunehmenden Entfernung immer mehr. Vielleicht war dies die Absicht des Thomas von Villach, denn nun wandert das Auge immer wieder auf und ab, bleibt an den fürsorglichen, liebevollen Gebärden der Schutzengel haften, gleitet über die Farbenbögen der anderen Hierarchien, über die Fülle der Musikinstrumente und verharrt schließlich im satten Rot der Seraphim. Sie sind ohne Fernglas überhaupt nicht mehr als Gestalten zu erkennen, sondern nur noch als leuchtendes Glühen. Die Bögen und die anbetenden Gebärden der unteren Engel führen das innere Auge nach oben, nicht das äußere. Oben angekommen, wendet es sich wieder abwärts. Es geschieht fast jedesmal, daß sich etwas aus mir herauslöst und auf die Wanderschaft geht, dabei leichter und leichter wird, den Platz auf der Bank verläßt und sich in diesen Hintergrund, in dieses Konzert, diese Farbenbögen einverwebt. Das Bild hat diese Verwandlungsmacht.

Jetzt, wo ich dies am folgenden Morgen schreibe, taucht in mir unmittelbar das Bild eines indischen Mönches auf, den ich in Jodpur sah, als er vor einem Thanka im Lotossitz meditierte. Vielleicht erlebte er Vergleichbares wie ich. Eigentlich dachte ich während des Anschauens des Hierarchienbildes gar nichts mehr; ich hatte einfach das Gefühl des vollkommenen Erfülltseins. Es kam einem völligen Wechsel der Ebenen gleich. Die Zeit stand still. Der umgebende Raum war nicht mehr da. Das Bild hatte jeden materiellen Charakter verloren. Es war, als wenn sich die großen Rundungen der Hierarchien in mir zu einem Kreis fortsetzten, ergänzten. Ich fühlte, daß ich in dieser Situation »aufsteigen« konnte, ohne jede Körperschwere. Die Engel begannen zu sprechen – aber in keiner äußerlich hörbaren Sprache. Ich verstand sie trotzdem. Mein äußeres Ohr konnte die Musik der Engel nicht hören, und doch erklang sie in mir. Es war ein merkwürdiger, fast paradoxer Zustand, in dem ich mich befand, oder ein Teil von mir. Es war aber erlebte Gewißheit, daß ein Teil meines Wesens mit den Wesen des Bildes, den Engeln, in diesem Augenblick real kommunizierte. Sprache kann das leider kaum oder sogar überhaupt nicht ausdrücken. Es klingt sofort materialistisch und ist mißverständlich. Aber es war Gewißheit, daß in dem Engelbild mehr lebt als ihr materielles Abbild oder Symbol. Ich weiß nicht, wie lange ich vor dem Bilde saß, in dieser auf- und absteigenden Bewegung. Jemand sprach mich an. Schlagartig wurde alles anders. Ein Schleier legte sich über das Bild. Ich saß wieder auf einer unbequemen Kirchenbank und nahm jetzt das Fernglas, um die Gesichter der musizierenden Engel zu studieren, ihr physisches Abbild.

Hatte ich mich von Gefühlen fortreißen lassen? Nein! Etwas blieb. Ich merkte es, als ich nach draußen ging, wieder über die beiden Friedhöfe, und in das helle Oktoberlicht sah. Es war die Gewißheit, einsichtiger geworden zu sein – in des Wortes tiefster Bedeutung. Kurze Zeit später schossen mir Gedichtzeilen durch den Kopf, wie ich sie zuvor nie gedacht hatte. Sollten sie in jener Sphäre geboren werden, deren Gast ich für kurze Zeit war? Ich weiß inzwischen, daß es so ist. Und dennoch nagen immer wieder leise Zweifel daran, sobald der Alltag alles überschwemmt und die schützende Hülle der Engel mich entlassen hat.

Michaels Tor

Dort, wo der Erdkreis sich aufwölbt
zum Himmel,
öffnen sich Tore
in das Höhlengeheimnis.
Ich wage den Eintritt ins Dunkel.
Kein Licht außer mir selbst wirft Schatten.
Kein Licht außer mir selbst
macht Erz und Kristalle leuchten.
Still ist die Höhle, still.
Wasser klopft hölzerne Rhythmen
zur knirschenden Pauke der Füße.
Unter den Bogenstrichen des Atems
hält mein Herz
nur mühsam sein Metrum.
Noch weiter im Innern
erblindet jedwede Lampe.

Wenn meine Hände
nicht sehen lernen,
bin ich verloren.

Ich taste mit Fingern, Augen und Ohren
und fühl' mich erloschen
und fühl' mich begraben.

Zeitlose Pause.
Geträumtes Erwachen.
Staunend höre ich Licht

aus der tönenden Sonne,
sehe Geigenklänge tanzend sich dreh'n,
fühl den Geschmack der Kristalle,
und mein anderes Herz wird das Licht, das vorangeht.

Der Höhlenausgang wird sichtbar.
Werd' ich das Leuchten jenseits
jemals ertragen?

Michael

Herbst in den Gailtaler Alpen

Michaels Pforte

Eine Bauerngeschichte

Die Teuerung macht uns kaputt«, sagte Arthur, den im Dorf alle scherzhaft »den Geier« riefen. »Wir werden unsere Wiesen und Äcker noch verkaufen müssen, weil wir das Benzin für den Traktor nicht mehr bezahlen können. Von den Reparaturen will ich gar nicht sprechen.« – »Vielleicht ist unsere Einstellung falsch. Vielleicht kommen wir besser ohne Traktor zurecht«, entgegnete Stephan, der unter den Bauern im Spaß häufig »der Sperling« und sein Anwesen »der Sperlingshof« genannt wurde. Beide Männer gingen an diesem Morgen ausnahmsweise zu Fuß. Sie kamen aus dem Krug. Das war am Sonntagmorgen so Sitte, seit beide denken konnten. Stille lag über den Herbstwiesen und dem klaren Grün der Felder. Die Farbkaskaden des Herbstes waren am Verlöschen. Alles atmete noch einmal Frieden und Sonne. Arthur fuhr mit seiner mächtigen Hand durch die Luft. »Vielleicht willst du wieder mit Pferden oder sogar Kühen pflügen«, sagte er, den Gefährten provozierend, weil er dessen Hang zum einfachen Leben kannte. Dieser schwieg. Er wußte auch keine Antwort, denn er hatte es nicht leicht mit dem Durchbringen seiner fünfköpfigen Familie. Jeder einzelne stellt heute höhere Ansprüche als noch zur Zeit seines Großvaters.

Indem sie so über Gott und die Welt, ihre Verhältnisse und ihre Sorgen reden, kommen sie an ihrer Kirche vorbei, die mitten in ihren Wiesen liegt. Es ist eine alte Wallfahrtskirche, die auf einem uralten heiligen Ort der Kelten steht. »Ich geh' noch eben hinein«, sagt Stephan, der Sperling, »vielleicht kommt mir da drinnen eine Idee, wie es weitergehen kann«. »Dann mach's gut. Dafür habe ich keine Zeit«, beendet Arthur, der Geier, das Gespräch. »Ich muß mich beeilen und Gras für die Kühe mähen. Arbeitskräfte kann ich bei diesen Preisen und Löhnen nicht bezahlen.« – »Bis nächsten Sonntag«, verabschiedet sich der andere und geht seitwärts durch die Pforte der Friedhofsmauer. Er schreitet durch das Tor, neben dem die leuchtenden Birkenstämme stehen, geht über den Friedhof mit den Gedenkkreuzen an die Gefallenen, deren Schicksal ihn immer wieder bewegt, tritt in die Vorhalle der Kirche, durchquert die Bankreihen und setzt sich in den Altarraum, wo über ihm vier Heilige, die Evangelisten und ein Chor von musizierenden Engeln schweben. Er blickt dann auf die gegenüberliegende Wand mit dem Gekreuzigten, über dem eine mächtige Mauer das Reich der Engel von dieser Szene trennt, die ihn schon so oft beschäftigt hat.

Wie gebannt wird sein Blick von der Türe in der Mauer angezogen. Er merkt es nicht. Etwas versinkt in ihm: seine Sorge, die ihn kurz zuvor doch beinahe überwältigt hätte. Etwas steigt in ihm auf: Hoffnung und Vertrauen. Immer intensiver zieht ihn die Türe in der Mauer an. Er fühlt plötzlich deutlich, daß er sie berührt. Die Tür öffnet sich. Er geht hinein. Jemand nimmt seine Hand. Zuerst ist es finster um ihn. Doch plötzlich wird es hell. Licht, milchweißes Licht ist um ihn. Er erkennt, daß es von schön geschliffenen Achaten herrührt. Nie vorher hat er ähnliche gesehen. Als er ein wenig verharren will, zieht ihn seine Führerhand durch die nächste Türe, hinter der lichtblaue Kristalle den Raum in ein sanftes Licht tauchen. So etwas gibt es also wirklich! Er durchschreitet in großer Ruhe weitere sechs Räume: einen dunkelblauen, einen violetten, einen grünen, einen in einem anderen Blau, dann einen in einem hellen Lichtgrün. Im achten muß er die Augen schließen, so wird er vom Goldglanz geblendet. Aber an dieser Türe hält ihn seine Führerhand zurück. Ein Gefühl der Ehrfurcht breitet sich in ihm aus, so stark, daß er kaum noch fühlt, wer er einmal war und ist. Da berührt etwas seine Brust. Verwundert faßt er zu und hält eine Harfe in der Hand. Ganz selbstverständlich setzt er sich still hin und stimmt in die wunderbare Musik ein, die den Raum und ihn selbst durchdringt. Er kann Harfe spielen, obgleich er es nie gelernt hat. Er spielt und spielt und weiß von keiner Zeit.

Da fühlt er wie eine ferne Erinnerung Hunger aufsteigen. Eine zugleich liebevolle wie gewaltige Stimme heißt ihn gehen.

Wieder durchquert er an der sanften Hand die acht Säle. Wieder muß er durch den dunklen Schacht. Wie aus einem Tagtraum erwacht, wird er sich bewußt, daß er ja auf der Bank in der Kirche vor dem großen Engelbild sitzt. Als er auf seine Hand blickt, hält er eine kleine, wunderbar rosa gefärbte Daunenfeder in der Hand, auf der gerade eine Spinne ein paar Fäden befestigt. Eine zuvor nie erlebte Fröhlichkeit ergreift den Sperlingsbauern. Er kann aber zu Haus einfach nicht von seinem Erlebnis berichten, das ihn immer wieder beschäftigt. Die kleine rosa Feder legt er deshalb auf ein Gesims. Es ist merkwürdig: Seine Fröhlichkeit und Heiterkeit steckt alles in seiner Umgebung an; seine Frau, seine Kinder – sogar das Vieh und die Früchte auf dem Feld scheinen zu lächeln. Alles auf dem Hof des Sperlingsbauern verwandelt sich. Alles gelingt ihm. Weil er aber sehr freigebig von seinem Reichtum abgibt, muß er weiter in seinem abgewetzten und mit Ellenbogenflicken versehenen Rock sonntags früh in den Dorfkrug.

»Du bist ein Glückspilz«, sagt eines Tages der Geierbauer zu ihm. »Alles, was du anfaßt, gelingt dir. Du hast wirklich viel geschafft in den letzten Jahren. Aber dein Haus sieht noch ebenso unansehnlich aus wie vor ein paar Jahren. Es könnte jetzt wirklich einmal Farbe vertragen. Schau meinen Hof an, wie komfortabel ich mich inzwischen eingerichtet habe. Kann ich etwa vor Sorgen nicht einschlafen? Doch! Die Schulden auf dem Hof sollen einmal die Erben abtragen, sie kriegen ohnehin genug!« Das mit dem Anstreichen leuchtet unserem Sperlingsbauern ein, das mit den Schulden jedoch nicht.

So geht er daran, sein Haus aufzuräumen, zu putzen und neu zu streichen. In seinem Eifer übersieht er sogar, daß die Spinne die zartrote Feder in ein ganzes Gespinst eingewoben hat. Mit einem Wisch ist alles weg, kommt auf den Müll und wird auf die große Halde gefahren. Wirklich, das Haus sieht jetzt schmuck aus! Alles ist neu gestrichen, aufgeräumt und sauber. Aber das Singen ist erstorben, die Fröhlichkeit verschwunden, Streit gärt in der Familie – wie bei allen Nachbarn. Niemand hat eine Erklärung dafür.

Einige Zeit später geht unser Bauer eines Sonntags durch seine Felder. Tiefe Trauer ist in ihm, weil er keine Erklärung für die Veränderungen hat. Als er an der Kirche vorbeigeht, dämmert ihm eine Erinnerung, und es zieht ihn auf rätselhafte Weise wieder auf die Kirchenbank gegenüber dem großen Engelbild.

Wieder geht er voller Fragen durch das Friedhofstor mit den Birken, überquert den Friedhof und gelangt durch die Vorhalle und die Bankreihen auf die stille Bank. Nach einer Weile erlebt er das gleiche wie beim ersten Mal. Das Tor in der Mauer öffnet sich, jemand nimmt seine Hand, geleitet ihn durch den dunklen Gang. Wieder durchschreitet er die sieben Farbensäle und findet auch den achten mit dem goldgrünen Licht unverändert. Wieder hält ihn die Hand vor der neunten Türe zurück. Wieder berührt ihn etwas. Als er zufaßt, hält er in seiner Hand eine Flöte, mit der er diesmal in ein Konzert einstimmt, in dem fast ausschließlich Harfe und Orgel erklingen. Lange spielt er mit, bis sich wieder sein ganz irdischer Hunger meldet. Diesmal winkt eine Hand zum Aufbruch. Sein schon vertrauter Führer geleitet ihn auch diesmal sicher durch die Säle, durch den dunklen Eingang. Wie beim ersten Mal erwacht er aus einem Tagtraum auf der Bank. Sein Blick fällt nach unten, auf einen kleinen rostigen Schlüssel. Wie von einer Ahnung der Wahrheit getroffen, hebt er ihn auf. Als er nach Hause kommt, ist alles beim alten: Fröhlichkeit, Heiterkeit und Zufriedenheit glänzen förmlich über dem Dach. Er weiß, daß dies alles mit dem kleinen rostigen Schlüssel zusammenhängt, den er deshalb in seiner Jackentasche aufbewahrt.

Als er Monate später mit dem Geierbauern aus dem Dorfkrug zurückkommt, meint dieser: »Es gehört sich doch eigentlich nicht, daß wir uns noch wie arme Bauern kleiden und man uns schon von ferne ansieht, daß wir immer noch in der dreckigen Erde arbeiten müssen. Ich werde in Zukunft sonntags meine beste Garderobe anziehen, wenn ich zum Stammtisch gehe.« Das leuchtet unserem Sperlingsbauern gar nicht ein. Machen denn die Kleider den Menschen? In seiner Schlichtheit erzählt er aber seiner Frau von diesem Gespräch. Diese überrascht ihn zwei Wochen später zu seinem Geburtstag mit einem neuen Rock. Freudig bewegt zieht der Sperlingsbauer den Rock an, den ihm die Zuneigung seiner Frau beschert hat. Erst nach drei Tagen fällt ihm siedendheiß ein, daß ja sein Schlüssel fort ist, vergessen im alten Rock. »Wo ist mein alter Rock?« fragt er seine Frau. »Auf dem Müll«, entgegnet sie, »er war wirklich total zerschlissen und taugte nicht einmal mehr zu Putzlappen«. Ein Anflug von Zorn steigt in ihm auf, aber er kann seine Frau in ihrer Liebe und Zuneigung einfach nicht tadeln. Schließlich hat sie ja nichts von seinem Geheimnis gewußt. So sucht er allen Hausmüll durch. Die Jacke ist weg.

Fast gerät er in Panik. Er faßt einen Entschluß und fragt bei der Müllabfuhr nach, wohin genau der Müll des Dorfes gefahren wird. Man kann es ihm nur ungefähr sagen. So geht er Tag für Tag auf die Müllhalde, schneidet Sack für Sack auf. Was sieht er da alles! Was haben die Leute zu Müll gemacht! Brot, Butter, Obst, Gemüse, Hemden, Röcke. Er hätte damit ein ganzes Dorf einkleiden können, eine ganze Stadt ernähren können. Aber den Sack mit seiner Jacke findet er nicht. Eine Stecknadel im Heu wäre sicher leichter zu finden als sein Sack mit der Jacke. Zwei Wochen sucht er nun schon. Er muß aufgeben, denn jetzt ist der alte Müll fast völlig unter der Schicht des neuen begraben. Da fallen aus einem Sack, den er aufschneidet, nur wenige Plastikkrümel heraus – und seine Jacke. Er hat sie wieder! Es ist wie ein großes Geschenk, diese zerschlissene Jacke. Er nimmt sie vorsichtig heraus. Sie ist etwas feucht – aber der Schlüssel liegt hart und präzise an seinem Platz in der rechten Seitentasche. Er nimmt auch die Jacke mit.

Auf dem Rückweg muß er an der Kirche vorbei. Es zieht ihn hinein. Wieder geht er durch das Friedhofstor und setzt sich auf die Bank vor dem großen Bild. Er legt die Jacke auf seine Knie und nimmt den Schlüssel wie einen Talismann in die Hand.

Es geschieht alles wie bei den ersten beiden Malen. Die Hand führt ihn durch die Säle. Es drängt ihn förmlich, wieder in die Musik einzustimmen. Da tritt eine lichtdurchflutete Gestalt auf ihn zu. Ihm ist, als wenn sie ihn fragte: »Hast du den Schlüssel?« Er öffnet die Hand, um den Schlüssel vorzuweisen. Da liegt in der Hand ein strahlend goldener Schlüssel. Er reicht ihn der Lichtgestalt, und sie öffnet damit das letzte Tor. Ein überirdischer Goldglanz dringt heraus. Die lichtdurchflutete Gestalt geleitet ihn bis an die Türe. Etwas berührt seine Lippen und streicht über Stirn und Ohren. Dann schließt sich die Türe wieder. Sein Führer geleitet ihn wie bei den anderen Malen zurück. Aber in allen Räumen, die zuvor nur im Lichte der grünen, blauen und milchweißen Kristalle erglänzten, klingt nun auch Musik – bis in den dunklen Gang hinein.

So findet sich der Sperlingsbauer sitzend auf der Bank, zwar nur die Jacke ohne den Schlüssel auf den Knien, aber die Musik immer noch im Ohr. Er geht nach Haus. »Mann«, sagt seine Frau, die inzwischen ahnt, daß die Jacke das Lebensgeheimnis ihres Mannes birgt, »die Sorgen haben dir Falten gemacht. Ich kannte den Wert der Jacke nicht. Ich habe es gut gemeint.« – »Schon gut.« Aber die Frau hat ihren Mann schon richtig in seiner Veränderung wahrgenommen. Tiefe Längs- und Querfurchen zeichnen seine Stirn in vielfacher Kreuzform. »Es ist gleich, was die Leute reden; zieh die alte Jacke ruhig auch sonntags wieder an.«

So geschah es. Keiner brachte den Sperlingsbauern von dieser Gewohnheit ab. Er lebte mit seiner Frau und seinen Kindern glücklich und zufrieden auf seinem Hof, und in seiner Nähe versammelten sich immer mehr Zufriedene.

Herangezogene Literatur

Engel, Flensburger Hefte (Heft 23), 1988

E. Grether: Geistige Hierarchien, Freiburg 1962

R. Hammerstein: Die Musik der Engel, Bern/München 1962

J. Illies: Nicht Tier, nicht Engel, Zürich 1975

W.-U. Klünker: Johannes Scotus Eriugena, Denken im Gespräch mit dem Engel, Stuttgart 1988

E. Meffert: Nikolaus von Kues, Stuttgart 1982

J. Paier: Führer durch die Pfarrkirche St. Andrä, 1976

H.-W. Schroeder: Mensch und Engel, Die Wirklichkeit der Hierarchien, Stuttgart ^{3}1988

M. und V. Skuhravy: Gallmücken und ihre Gallen auf Wildpflanzen, Wittenberg 1973 (Die Neue Brehm-Bücherei)

J. Ströter-Bender: Engel, Stuttgart 1988

F. Zauner: Das Hierarchienbild der Gotik, Thomas von Villachs Fresko in Thörl, Stuttgart 1980